実況！
ビジネス力養成講義

───────────

ファイナンス

───────────

石野雄一

日本経済新聞出版

はじめに

　世の中にある数多くの本の中で、この本を手にとっていただき、ありがとうございます。もしかしたら、あなたは、上司や先輩からファイナンスの勉強を勧められたのかもしれません。あるいは、あなたの同僚がファイナンスがわかるのに、自分はわからない。自分もファイナンスを学びたいが、どこから手をつけていいかわからない。そんな気持ちでこの本を手にとったのかもしれません。そんなあなたにピッタリの本です。この本は私の1日のファイナンス講義をできるだけ忠実に再現し、さらに肉づけしたものです。

　私は10年近くの銀行員生活の間に簿記3級を2回受けて落ちました。3回目は前日に飲み過ぎて試験会場にたどりつけませんでした。簿記3級合格はあきらめました。

　仕事は融資担当でしたから、企業の決算書を読むことはできました。ただ、私の銀行員生活は、まったくファイナンスとは無縁だったのです。

　これではダメだと思い、ファイナンスの勉強を始めました。「資本コスト」も学んだはずです。でも、まったく頭に入ってきませんでした。簡単に「ファイナンス」を学べる方法はないか。私の本棚には当時から買い求めたファイナンス関連の本が200冊はあるでしょう。簡単にファイナンスがわかる本を求めた結果がこれです。それでも、難しくてわからなかったのです。

　銀行員としても今一つパッとしなかった私は銀行を退職し、一念発起して米国でMBAをとろうと思いたちました。ところが、米国のビジネススクールでもファイナンスにやられっぱなしでした。日本語でわからないものが英語でわかるはずもないのです。そんな私に転機が訪れました。

MBA を取得し米国から帰国後、日産自動車の財務部に入社してルノーの財務担当者とディスカッションするうちにファイナンスへの理解が深まったのです。企業経営は、ファイナンスの考え方なくしては成り立たないということをまざまざと見せつけられました。そこから、私のファイナンスの勉強にも身が入ったのです。ファイナンス関連の本は新刊が出れば、今でも買い求めています。

　私は 10 年以上ファイナンス教育に携わり、延べ 1 万人を超える方々に教えてきました。ファイナンスの勉強に苦労してきた私には、わからない人の気持ちがよくわかります。そのせいか、わかりやすい講義だとご好評いただいています。

　この講義は、専門家ではない普通のビジネスパーソンに向けたものです。ファイナンスと言ってもカバーする領域は広いものです。この講義では、最低限これだけは知っておいていただきたい点に絞っています。したがって、すべてをカバーしたファイナンスの教科書ではありません。ただ、この本の内容をマスターすれば、ビジネスの世界では生きていけるでしょう。数式はできるだけなくし、ファイナンスの考え方をご理解いただけることに主眼をおきました。実際の企業や経営者の方々がどのようにファイナンスをビジネスで活用しているかもお話ししているので、拙著『ざっくり分かるファイナンス』をすでにお読みいただいた方も、楽しんでいただけると思います。前置きはこれぐらいにして、早速、講義を始めましょう。

本書に出てくる EXCEL のファイルは、オントラックのサイト（https://ontrack.co.jp）でダウンロード可能です

CONTENTS

Lesson 2
企業の運用利回りを理解する
—— 投下資本利益率と資本コスト

Lesson 3

投資の意味を理解する
—— NPVとIRRによる投資判断

Lesson 4

フリーキャッシュフローをマスターする
―― フリーキャッシュフローとは何か

Lesson 5

企業価値評価方法を理解する
―― 企業価値向上のメカニズム

Lesson

1

ファイナンスと会計の
違いをおさえる
―PL経営からBS経営の時代へ

■ 会計人と財務人の違い

それでは、早速、講義を始めます。まずは、会計人と財務人の違いについて、皆さんにお伝えしたいと思います。この財務人、会計人というのは私が勝手に作った造語です。以前、私が在籍していたのは日産自動車の財務部ですから、私は財務人と言えます。会計人はどういうイメージかというと、経理部で働いている方々です。

「ヒト、モノ、カネ、時間、口グセ」を切り口に、会計人と財務人にどんな違いがあるのか、お話をしていきます。

■（図1-1）会計人と財務人との違いは何か

会計人		財務人
きっちり	ヒト	ざっくり
いろんなルール	モノ	ワンルール
利益	カネ	キャッシュ
過去	時間	未来
借方・貸方	口グセ	カタカナ

「ヒト」という切り口でいきますと、経理の方々は「きっちり」されている方々が多い、そんな印象です。私がおりました財務部の方々は「ざっくり」でした。当時の上司や同僚には「ざっくりなのは、おまえだけだろう」

と言われそうですけれども、私から見たら結構皆さんざっくりされていました。

■■■ 経理はルールがたくさんあるが、財務は1つ

「モノ」という切り口で見ますと、経理の方々はいろいろなルールに囲まれています。知っている方も多いと思うのですが、会計基準というものがあります。会計基準は、簡単に言ってしまうと、決算書の作り方です。「One world, one rule.　世界は1つ、1つのルールに基づいて決算書を作りましょう」。こんなスローガンを掲げて会計基準の収れん化という流れがあります。国際会計基準（IFRS）[1] というものです。ただ、まだ道半ばにも至っていません。

　皆さん、日本には上場会社が何社あるかご存知でしょうか。約3,700社[2] あります。その日本の上場会社3,700社のうち、国際会計基準を使って決算書を作っている会社は200社強[3] です。多くの会社が日本の会計基準のままなのです。

　2005年から、欧州連合（EU）では上場企業に国際会計基準が強制適用されることになりました。

　米国は米国会計基準です。つまり、**いろいろな決算書の作り方が存在するのが、会計の世界**だということです。投資家がいろいろな国の企業に投資するのが当たり前の世の中で、国ごと企業ごとに会計基準が異なるため企業の業績を比較するのが難しいのが現状です。

　これに対して、ファイナンスの世界は、ワンルールです。毎年ルール変

---

[1] IFRS（International Financial Reporting Standards, イファースやアイファースと発音します）は本来は国際財務報告基準ですが、メディアなどでは、一般的に国際会計基準と訳されます。
[2] 2020年10月末時点では、3,728社。
[3] 2020年10月末時点では、219社。

更もありません。非常にシンプルな世界、これが財務人のいる世界です。シンプルな世界であるがゆえに、私のような「ざっくり」人間でもやってこれたとも言えます。

■■■「利益」には実体がない

そして、「カネ」という切り口でいきますと、経理の方々が扱うのは利益、そして財務の人間が扱うのは現金です。そして、昔からこう言われています。「Profit is opinion」。**利益は「意見」**、こんなふうに言われるわけです。「意見」というのは、誰の意見だと思いますか。こういうことを聞くと、「お客さん？」と答える方がいらっしゃいます。お客さんの声はもちろん大事ですが、お客さんの意見で利益は変わりません。**経営者の意見です**。

例えば、皆さんの会社が1年間で10億円の利益を稼いだとします。社長が「使いたいから持ってきて」と言ったとしても、皆さんは10億円の利益を持っていけるわけではありません。なぜならば、10億円という利益は頭の中にある抽象概念だからです。バーチャルなもの、目に見えないのです。ですから、触ることもできません。**実体がありませんから、使うこともできません。これが利益の正体です**。だからこそ、社長の意見によって変わり得る余地があるのです。

■■■「キャッシュ」は事実

それに対してキャッシュはファクト（事実）だよと言われます。10億円のキャッシュを皆さんの会社が1年間で稼いだら、それを社長のところへ持っていくことができます。なぜならば、10億円というキャッシュは抽象概念ではなくて実体があるもので、目に見えるものだからです。ですか

ら、使うこともできます。だからこそ、現金はうそをつかないと言われます。では利益はうそをつくのでしょうか。うそをついてしまった会社がありますね。

■■■ 利益はうそをつく（東芝の事例）

東芝という会社は7年間で、2,300億円[4]もの利益をうそついていたわけです。私は第三者委員会の報告書をパラパラと読んでみました。300ページ以上あります。なぜそんなことが起きたのか、どんな方法を使ったのか。そして、今後それをどうやって防げばいいのかを第三者委員会が報告しているわけです。いろいろな方法が載っていますが、その中でもわかりやすい方法を皆さんにご紹介したいと思います。

会計不祥事を起こした東芝

東芝はどうやってうそをついたのでしょうか。例えば、東芝が3,000億円の大型案件、原子力発電などのインフラ工事を受注したとしましょう。工事完了までに5年かかるとします。さて、この3,000億円の売上はどのタイミングで経理の人が、「売上高3,000億円」と帳簿に載せるでしょうか。

生徒A　：お客さんから受注したときでしょうか？
石野　：残念ながら、違います。

[4] 東芝の第三者委員会の報告書による粉飾額は、戻し入れ益相殺後の正味1,562億円ではなく、不正会計処理総額の2,300億円と考えるのが正しいとしています（出所：『粉飾決算VS会計基準』細野祐二著、日経BP）。

生徒Ｂ ：発電所が完成したタイミングでしょうか？

石野 ：完成したタイミングで売上高を計上するというルールはあります。東芝の場合は違うルールを使ったのです。

完成時に売上高を計上するという会計のルールは「工事完成基準」と言います。今回の東芝の事件では、「工事進行基準」というルールを使っています。これは、工事が進行するにつれて、それに対応する売上と費用を計上するルールです。それを東芝は適切に処理しなかったのです。

ちなみに税理士と公認会計士の先生のお仕事の違いはご存知でしょうか。税理士の先生はざっくり言えば税金計算がお仕事、公認会計士の先生は決算書がルール通りに作られているかをチェックするのがお仕事です。このチェックすることを監査といいます。東芝の社員と監査に入った公認会計士の先生との会話を想像してみましょう。

会計士の先生：例のインフラ工事の進捗はどんな感じですか。

東芝の社員 ：先生、工事はおかげさまで50％進行しています。

会計士の先生：そうですか。だから、3,000億円の売上の半分の1,500億円が計上されているんですね。オッケーです。

これではチェックしていることにならないですね。ということで、できるだけ客観性をもってして、工事の進捗度を見ていきたいわけです。

ではどうやって見るかというと、工事進捗度は次の式で計算します。

$$工事進捗度 = \frac{決算日までに支払ったコスト}{工事の見積もりコスト}$$

分子に、東芝が実際に下請けメーカーに支払ったコストを持ってきます。分母に、この工事の見積もりコストを持ってきます。例えば、この工

事の費用を2,000億円と見積もったとしましょう。実際に下請けメーカーに工事代金として600億円の振り込みをしました。公認会計士は、これが事実かどうかはチェックできるわけです。東芝は、この工事に関連する下請けメーカーにきちんと600億円を払っているなと。

　この時点で、工事の進捗度は30％（600億円／2,000億円）だと考えるということです。ということは、売上3,000億円の案件の工事が30％進捗しているわけですから、皆さんのご想像通り、3,000億円×30％の900億円の売上となります。経理部は売上高900億円と帳簿に記載するわけです。コストは振り込みした600億円、その結果、300億円の利益が生み出されることになります。

　社長が皆さんに「利益が300億円出たんだろう、使いたいから持ってきてくれ」と言ったら、どうですか。皆さんは、300億円という利益を持っていくことはできません。なぜかといえば、帳簿には売上高900億円とあっても、お客さまから900億円という現金を頂いていないのです。むしろ、下請けメーカーに工事代金として600億円を先に支払っているわけですから、現金残高は減っているのです。利益というのは実体がない、バーチャルなものだと言いましたが、おわかりいただけたでしょうか。ざっくりではありますが、これまで説明してきたのが工事進行基準です[5]。このルール自体は悪いことではありません。

　このルールを東芝は悪用したわけです。東芝は、工事の見積もりコストを故意に、本来の金額よりも少なく見積もったのです。そうすると、どうでしょう。仮に、工事の見積もりコストを本来の半額の1,000億円と見積もったとしたら、進捗率は一気に60％に跳ね上がるわけです。こうやって東芝は、**前倒し、前倒しに売上を計上し、架空の利益を生み出していったということです**。人は実績値の改ざんには罪の意識を持っても、見積も

[5]「東芝のこととやかく言う前に会計基準をきっちり勉強して欲しいよ」と経理の方につっこまれそうです。「すみません。私、財務人なんで」

りの偽装には罪の意識は感じにくいのかもしれません。見積もりはあくまでも予測値であって正解があるわけではないからです。よろしいでしょうか。**皆さん、意外と利益は、あやふやな、曖昧なものだなと思ったのではないでしょうか。**

■■■ なぜ曖昧な「利益」が必要なのか

「一航海・一会計」の時代

では、なぜ利益という概念が必要なのでしょうか。

中世の時代には、利益という概念は必要ありませんでした。イタリア、ヴェネツィアの船乗りたちは基本的にプロジェクト・ベースで航海を行っていたといいます[6]。プロジェクトが始まると人が集まり、資金調達を行い、そのお金で商品を買い付けし、それらを売りさばいて現金化して解散です。言ってみれば、「一航海・一会計」の時代と言えるかもしれません。つまり、**プロジェクトのように終わりがあれば、利益という概念は必要ないのです。**

ところが、現実はどうでしょう。皆さんの会社はずっと続いています。むしろ、終わりがあっては困る。上場会社で言えば、公に四半期、1年ごとに決算書を作らなくてはいけません。実は、利益を計算する目的は次の3つです。

---

[6] 『会計の世界史』（田中靖浩著、日本経済新聞出版）は本当に素晴らしい本なので一読をお勧めします。

① **税金計算**のため——利益をベースに税金計算をします[7]。
② **配当計算**のため——利益をベースに配当を計算し株主に分配します。
③ **業績評価**のため——利益を使って企業の業績を評価する、あるいは評価されるということです。

最後の業績評価がおそらく皆さんの多くが関係するのではないかと思います。業績評価のためとは、**利益を使って、企業の業績について企業の内外の関係者とコミュニケーションを取るということです。**

■■ 決算書は何のための道具か？

私は銀行員として10年近く企業にお金を融資する仕事をしていました。銀行内部では、「貸付」なんて呼びます。企業から決算書をもらって財務分析をして、お金を貸すか貸さないかを判断するのが仕事です。

恥ずかしながら、その時の私には全くわかっていなかったことがあります。それは、**決算書は意思決定に使えない**ということです。決算書は、経営者の意思決定に使えないのです。言いかえれば、儲けるために決算書は役に立ちません。いくら決算書を分析することができても、儲けにはつながりません。決算書は儲けるための道具ではないからです。そんなことも知らない銀行員だったのです。

では、**決算書は何のための道具なのでしょうか。実は業績を説明するための道具なのです。**「account for」というイディオムを覚えているでしょうか。「説明する」という意味です。これが、会計、つまりアカウンティング（accounting）の語源です。アカウンティングというのは、企業を取り

---

[7] もちろん、正確に言えば、課税所得に税率を掛けて税金を計算するのですが、その課税所得は、税前当期純利益に税法上の一定調整をして算出するのです。

巻く関係者に業績を説明・報告するための道具です。よろしいでしょうか。

■■ 決算書は過去の数字、
   ファイナンスは未来の数字を扱う

　そして、時間軸です。決算書の数字は、あくまでも過去の数字だということです。今は、VUCA（ブーカ）[8]の時代と言われています。こういう時代にあって、決算書の過去の数字は、未来を予測するための1つの目安程度にしかなりません。過去の業績をなぞらえてそのまま一直線に将来予測する時代は終わったのです。

　決算書の数字は過去のものだといいました。**ファイナンスが扱う時間軸は未来です。**皆さんに求められていることは何でしょうか。これからどれだけのキャッシュを増やすかです。バーチャルな利益ではなく、現金です。ファイナンスの意思決定の基準は、実はシンプルです。例えば、A、B、Cという選択肢が3つあって、何を基準に選び取ればよいでしょうか。その基準はシンプルです。**どの選択肢が一番、現金を増やせるであろうか**[9]。それだけです。利益ではありません。減価償却[10]のルールによって変わる利益でもありません。社長の考えによって変わる曖昧な利益でもありません。会計基準によって変わる利益でもありません。現金はいずれによっても、変わりません。

　ただ、私はシンプルとは言っても、簡単とは言っていません。なぜなら

---

[8]　Volatility（変動性）、Uncertainty（不確実性）、Complexity（複雑性）、Ambiguity（曖昧性）の頭文字をとったもので、私たちを取り巻く社会を表していると言えます。もともとは米国の軍事用語だそうです。

[9]　もちろん、1年後に得られる1億円と20年後に得られる10億円を比較して、20年後の10億円を選ぶということではありません。お金には時間価値があるからです。これについては、132ページで詳しくお話しします。

[10]　減価償却については201ページでご説明します。

ば、未来のことだからです。未来にどれだけの現金が増えるのかは正直わかりません。未来を予測するしかない。さらに予測して計画を立ててあとは運を天に任せるというわけにもいきません。実際に行動を起こして計画数値を達成していかなくてはなりません。チャレンジングなことです。ただ、選択の基準は、とてもシンプルだということです。

■ 会計人と財務人のログセ

　これは冗談半分なんですが、経理の方々の「口グセ」は、「借方・貸方」です。簿記3級に落ちたトラウマから、「借方・貸方」と仕訳が出てくるだけで、いまでも心がざわつきます。

　財務人は、カタカナを使います。これは別にカッコつけているわけではなく、ファイナンスの多くの概念がもともと日本になかったからだと思い

■（図1-1を再掲）会計人と財務人との違いは何か

会計人		財務人
きっちり	ヒト	ざっくり
いろんなルール	モノ	ワンルール
利益	カネ	キャッシュ
過去	時間	未来
借方・貸方	ログセ	カタカナ

ます。

　いろいろなことを申し上げましたが、皆さんにもう一度確認です。**会計の世界は「利益」を扱う**のに対し、**ファイナンスの世界は「現金」を扱う。会計は過去を見る**のに対し、**ファイナンスは未来を見る**ということです。ここでは、その違いをぜひ押さえておいていただきたいと思います。

■ 黒字でも倒産することがある?

日産自動車の販売店・ディーラー

　私は日産自動車にいましたので、車を題材に話をさせていただきます。例えば、営業担当が200万円の車をお客さまに納車したとします。この納車のタイミングで、経理担当は帳簿に200万円の売上高を記載します。それと同時に、この車に関連する費用が150万円かかるとしたら、売上高からマイナスし、50万円の利益が帳簿上ポッと生み出されます。

　一方、財務の世界は、お客さまからまだお金を頂いていませんから収入はゼロです。それにもかかわらず車を作るのにかかった原材料、広告宣伝費、研究開発費、人件費、そういったもろもろの費用150万円は、先に現金で払ってしまっているかもしれません。そうなれば、支出が150万円で、収支はマイナス150万円です。

■（図1-2）会計の世界と財務の世界では見える景色が違う

会計の世界		財務の世界	
売上高	200万円	収入	0万円
費　用	△150万円	支出	△150万円
利　益	50万円	収支	△150万円

※△はマイナスを意味する

　つまり、会社の金庫の中にはお金がないような状況になっているかもしれません。こういうのを見ると、皆さん、おわかりになりますね。**黒字なんだけれども、倒産する可能性があるということです。**これを黒字倒産といいます。

■■ キャッシュがないと会社は存続できない

　私が銀行員時代、10年間営業赤字を垂れ流しているにもかかわらず、倒産しない会社がありました。なぜ倒産しないのでしょうか。それは、その会社の社長が資産家で、毎年、自分の持っていた個人資産、駐車場を切り売りして現金に換えて、それを会社につぎ込んでいたからです。つまり、何が言いたいのでしょうか。**いくら赤字垂れ流しでも、会社の外からお金を持ってくることができれば、会社はゾンビのように存続できます。**
　一方、**いくら見かけ上の利益が出ていても、会社の金庫からお金がなくなり、さらに外から持ってくることができなくなった時、そこで会社は終わります。**企業の存続のためには現金が必要なのです。
　ただ、利益も大事です。なぜでしょうか。みんなが見ているからです。税務署が見ている、株主が見ている、債権者が、お取引先が、従業員が見

ている、企業を取り巻く関係者、みんながコミュニケーションの道具としての利益に注目しています。したがって、**経営者としては、利益も大事、ただ会社存続のためには現金というものを見ていかなくてはいけないのです。**

■■■「キャッシュ・イズ・キング」

　RIZAP（ライザップ）と言えば、「結果にコミットする」をキャッチフレーズに最短2カ月で大幅な体重減少と体型改善を達成できるというパーソナル・トレーニングジムとして有名です。そのRIZAP事業を傘下に持つRIZAPグループの2019年3月期の売上収益は2,225億円と前期比＋82.3%の増収でした[11]。ところが、営業利益は最終的には▲93億円の赤字となりました。前期比で▲211億円の営業利益が減少しているわけですが、そのうち、93億円は構造改革関連費用です。当時、構造改革の指揮をとっていたのが、元カルビー会長兼CEOの松本晃氏[12]です。その松本さんが経営陣に示した「処方箋[13]」はこうでした。

　　「ポイントは5点。1点目は『キャッシュ・イズ・キング』。キャッシュを生み出しましょうということ。2点目は本業でもっと稼げということ。ボディーメイクはまだ稼げる。あれが『キャッシュカウ（金のなる木）』だと言った。3点目は、この会社に合わない子会社は手放したほうがいいということ。4点目は、いちばん大きな子会社で、ゲームやCDを販売するワンダーコーポレーションのリエンジニアリング

---

[11] 2019年3月期RIZAPグループ株式会社有価証券報告書
[12] 松本晃氏は、カルビーを8期連続で増収増益に導いたプロ経営者。すでにRIZAPグループ取締役を退任し、特別顧問に就任しています。現在は、ラディ クール ジャパンの代表取締役会長CEOを務めています。
[13] 「週刊東洋経済」2019年7月13日号のインタビュー記事

（抜本的見直しと再構築）。僕が考えるに、ワンダーを買収したいという人は現れない。したがってビジネスモデルを再構築するしか手がないので、ちゃんとやってくれと言った。5点目は、徹底的にコスト削減しようということ。今までは調子に乗って多くのお金を使っていた。」

松本さんが、RIZAPグループに入って経営陣に言った言葉は、「キャッシュ・イズ・キング」です。事業継続のためには、現金が必要です。したがって、「キャッシュは王様」が5つのポイントの1番目にくるわけです。これらの5つのことは、特段目新しいことではなく拍子抜けするくらい当たり前のことです。これは考えてみれば当然なのかもしれません。経営に秘策などあるはずもないのです。「当たり前のことを当たり前にやり続けること」がいかに難しいか、そして企業経営にはこのことがいかに大切なのか、松本さんのこの発言は物語っていると言えます。

　ここまで来ると、皆さんは、利益とキャッシュは違うと感覚的に理解できたのではないでしょうか。ここは感覚的ではなく、きっちりと理解していただきたいところです。正確に言うと、必ず利益とキャッシュが一致するタイミングは来ます。先ほどの車の例で言えば、いつかはお客さまから200万円の代金を頂きます。そうすると、50万円の利益と50万円の収支（キャッシュフロー）は一致します。最後には、必ず利益と収支（キャッシュフロー）が一致するタイミングが来ます。ただ、月次、3カ月、1年で会社をぶった切った時に必ずしも利益とキャッシュが一致するとは限りませんよというのが、正確な表現です。

会計基準によって売上や利益は異なる

　そして、会計基準というのは、簡単に言うとぶった切り方です。**その切**

り方によって、切り口が違ってみえるのと同様、売上高や利益の金額が違ってくるのです。

　例えば、日本製鉄（旧：新日鐵住金）は、2019年3月期から国際会計基準（IFRS）に変わりました。国際会計基準に変わった時には、日本基準と国際会計基準と両方の決算書を作成します。もう売上からして、会計基準で違っています。費用も違います。ということは、利益も違います。利益に関していえば、もともとの定義が違いますから当たり前かもしれません。私からすると、非常にややこしく、複雑怪奇に見えるのが会計の世界です。

■■■ BS（バランスシート）が重要

　本日は会計の講義ではありませんので、財務三表についてはポイントを絞って説明していきます。損益計算書（Profit and Loss Statement）は英語名の頭文字をとってPL（ピーエル）といいます。同じく貸借対照表（Balance Sheet）をBS（ビーエス）といいます。大事なのはBSです。**PL経営からBS経営の時代にシフトしています。ところが多くのビジネスパーソンはPLがわかっても、BSはわかりません。**

　私が三菱銀行（現：三菱UFJ銀行）に入った時、新人貸付研修がありました。入社式が終わった後、研修所に缶詰めになって貸付、つまり融資の研修があったのです。

　その時の先生の言葉が今でも印象に残っています。

　「おまえたちは今日から銀行員だ、銀行員になったからには、お客さまから決算書をもらって、いきなり売上や利益を見るような恥ずかしいマネをするなよ」

　売上や利益が書いてあるのはPLです。「**PLを真っ先に見るやつはアマ**

チュアだからな。プロはBSを見るんだぞ」と言われたんです。今でも真っ当な銀行員であれば、例えば、半沢直樹であれば、PLよりもBSを重要視するはずなんです。なぜでしょう。それは、**PLよりもBSにこそ経営者のありよう、会社の方向性を読み解く鍵が隠されているからです。**

■■ PL頭の経営者とは?

ところが、多くのビジネスパーソンは、PLがわかってもBSがわかりません。そして、皆さんの会社の社長もそうだと思いますが、多くの社長がPL頭[14]です。

PL頭とはどんな頭でしょうか。「売上を上げろ、コストを削減して利益を出せ」と、これしか言わない社長のことをPL頭のPL社長と私は言っています。もう時代は変わりました。皆さんには、BS頭になっていただかないといけないのです。

■■ 会社の資産は、金が形を変えたもの

前置きが長くなりました。**実はBSというのはそんなに難しくありません。右側からお金がやってきて、左側の資産でぐるぐる回っている**、まずはそんなイメージをつかんでください。

パナソニックの創業者松下幸之助さんは、こうおっしゃったそうです。

「資産は金が化けたもの」

全ての資産は、金が形を変えてぐるぐる回っているのだとおっしゃった

---

[14] 『ファイナンス思考』（ダイヤモンド社）の著者である朝倉祐介氏はPL脳と言っていますが、私の方がPL頭と言いだしたのは早いと思います。はい、そうですね。単なる負け惜しみです。

松下幸之助

そうです。

日本電産の永守さんが、買収した企業の工場へ行って、生産ラインの横に積んである在庫を指差して、「おまえたち、あれも現金なんだからな」と言って回ったという話を聞いたことがあります。

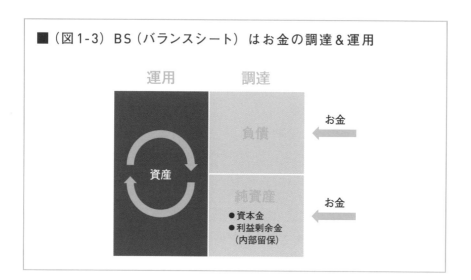

■（図1-3）BS（バランスシート）はお金の調達＆運用

運用　　　調達

資産

負債　　　お金

純資産　　お金
●資本金
●利益剰余金
（内部留保）

現金回収を早くするメリット

私たちが、ユニクロに行きますと、衣料品がうず高く積んであります。あれも現金ですよね。現金が形を変えてそこに積んであるわけです。ファーストリテイリング[15]の柳井さんはこれをどうしたいか。できるだけ早くお客さまに売って、できるだけ早くお客さまから現金回収をして、その現

金で原材料を買って、できる
だけ早く作って棚に並べて売
って現金回収する、これを高
回転で回したいはずなんで
す。

ユニクロの店舗

　なぜでしょう。BSの左側
でお金が化けている右側に
は、お金の調達があるんで
す。このお金には「資本コス
ト[16]」というコストが一瞬一瞬かかっています。

　ユニクロの競合他社にZARAというブランドがあります。日経新聞に
よれば、ZARAはデザイナーが服をデザインしてから世界の店舗に並ぶ
のに最短で2週間だそうです。ZARAは流行をつくるつもりはないんです
ね。今流行っているモノをつくって売り切るというビジネスをしていると
言えます。そんなZARAを相手にしているユニクロもスゴイですよね。
話をもとに戻します。

　経営共創基盤の冨山和彦さんが「**日本の上場企業の経営者の8割から9
割が資本コストの概念をわかっていない**[17]」と言っています。これは、日
本の上場会社の経営者のほとんどがBSをわかっていないことを意味しま
す。ですから、失礼ながら、ほとんどの経営者はPL頭のPL社長と言った
のです。

---

[15] ファーストリテイリングはユニクロの親会社。

[16] 資本コストについては、99ページで説明します。ここでは企業の資金調達コストと理解し
　　て下さい。

[17] スチュワードシップ・コード及びコーポレートガバナンス・コードのフォローアップ会議
　　（第14回）議事録

■■■ 武田薬品・JTが本社ビルを売却する意図

　武田薬品工業は創業のシンボルであった御堂筋の本社ビルを売却しました。シャイアーという製薬会社を6兆2,000億円で買収したときに有利子負債（簡単に言えば借金）が増えてしまいました。本社ビルをはじめとする様々な資産を売却することで、有利子負債を削減する必要がありました。

　日本たばこ産業（JT）も2021年以降の本社ビル売却を発表しています。同社は、「資産の効率化と財務基盤の強化を図る」としていますが、要するに**本社でお金をぐるぐる回している場合ではない**ということでしょう。立派な本社ビルでぐるぐる回してもキャッシュは生み出さないからです。では、本社ビルを売却した代金は何に使うつもりでしょうか。おそらく、M&A（買収・合併）のための資金なのでしょう。**どのような資産でお金をぐるぐる回しているか、そこに経営者のありようが透けて見えます**というのは、こういう意味なのです。

■■■ オーナー企業のBSの面白さ

　未上場の中堅中小企業、いわゆるオーナー社長の経営する会社のBSにはもっと社長の考えが色濃く出ます。銀行員時代に債権回収担当だった時期がありました。ある取引先のBSの左側に貸付金5,000万円とあったのです。

石野：社長、この貸付金5,000万円というのは、どこへの貸付ですか。
社長：これはゴルフ仲間の社長に貸したんだよ。
石野：返ってきますか。
社長：いや、無理じゃないの。

　平気でこんなことを言うわけです。時には、BSにゴルフ会員権1,500万円なんてあります。

石野：社長、最近はゴルフに行かれますか。

社長：いや、最近行っていないよ。

石野：ですよね。だとすると、ゴルフ会員権[18]を売却して、そのお金でうちの借金を返済すれば、利息が減ります。そのほうがいいではないですか。

社長：いや、今売ったら、数百万円[19]にしかならないよ。

　下手すると、絵画などがBSに計上されている企業もありました。ということで、このBS、中でも**左側の資産サイドを見れば、何でカネを運用しているかわかる**わけです。繰り返しになりますが、BSは会社の方向性、経営者のありようが透けて見えるのです。

■■■ BSは経営者がデザインするもの

　キヤノンの御手洗会長がこんなことをおっしゃっています。「経営をよくするということは、バランスシートをよくすることだ[20]」。これはどういう意味でしょうか。私は「経営は逆算である[21]」という言葉とセットで次のように理解しています。

---

[18] バブル時代、融資残高を増やすためにゴルフ会員権購入を銀行が社長にすすめ、その購入資金を銀行が融資していたわけですから、ひどい話です。

[19] BS（バランスシート）上の金額（簿価といいます）1,500万円はゴルフ会員権を入手した時の価格です。実際に売却するときの価格（時価といいます）とは異なります。

[20] 2018年の週刊ダイヤモンド「孫、本田、稲盛、御手洗はどう考えたのか？　著名経営者の財務哲学を知る」

[21] 中小企業のカリスマコンサルタントと言われた一倉定氏の言葉

まずは、経営者は3年後あるいは5年後のBSをこのようにしたいというのを思い描く必要がある。そこから逆算して今、何にお金を投下すればいいのかを決めるのが経営者である。つまり、**BSは経営者がデザインするもの**なのです。

　つい先日、講義のあとに女性がやってきて、こんな話をしてくれました。

　「最近、ダイエットのためにスポーツジムに通い始めました。そのときにインストラクターに3ヵ月後の理想の姿をイメージしてくださいって言われたんです。そして、具体的な数値目標をおいて、そこから逆算してトレーニングメニューを作りました。経営も同じことなんですね。」

　まさにおっしゃる通りだと思います。

■■■「資本金」は銀行で下ろせる?

　そして、多くのビジネスパーソンが誤解しているのが「純資産」です。「純資産」は内部留保[22]ともいいます。内部留保という埋蔵金があると思っている人たちが多いわけですが、**残念ながら内部留保という埋蔵金はありません**[23]。

　私の銀行員時代の話です。月末近くになって、取引先の社長が私のところに駆け込んできたわけです。「どうしました?」と聞くと、「石野さん、300万円下ろさせてほしい」というわけです。預金残高を見た私はこう言

---

[22] 純資産は資本金と利益剰余金に分けられます。正確に言うと、利益剰余金を内部留保といいます。

[23] 上場会社の役員でも「うちの内部留保使えばいいだろ」なんて言う人がいます。「自己資金」と正確に言って欲しいものです。

いました。

石野：社長、残高は300万円もないですよ。
社長：うそだろう。うちの決算書を見せてよ。

　あらかじめコピーさせてもらっていた決算書を見せると、案の定、社長が指差すのは純資産の内訳の「資本金」です。

社長：俺が出資したこの資本金1,000万円を下ろさせてほしいんだよ。
石野：社長、資本金1,000万円は、ここにはないですよ。出資したお金は貸借対照表の左側で、形を変えてぐるぐる回っているんです。
社長：じゃあ、現預金の200万円は下ろせるだろう。
石野：社長、この200万円も3月31日の決算日の時点であったお金であって、今あるお金ではないんですよ。
　こうした話を何人もの社長さんに説明しました。
「資本金」に記載されているお金はないのです。またBSの左上の「現預金」に記載されているお金が現在あるのかといえば、あるとは限りません。**BSは決算日の一時点を切り取ったスナップショット**です。よろしいでしょうか。

■■ BS頭の経営はインプットにも注目する

　皆さんには、PL頭からBS頭になっていただきたい。これからは、PL経営からBS経営の時代というお話をしましたね。どういうことでしょうか。例えば、皆さんが今期の営業利益を前期の2倍にしたとしましょう。PL頭のPL社長であれば、「営業利益2倍とはすごい」と皆さんのことを手放しで褒めてくれるでしょう。

ところが、BS頭のBS社長は手放しで褒めてくれません。なぜ営業利益を2倍にした皆さんを褒めてくれないのでしょうか。その理由は、皆さん、営業利益というアウトプットに目を奪われていて、インプットの議論が抜けているからです。コンピューターの世界でも入力（インプット）あっての出力（アウトプット）ではないでしょうか。

　では、経営の世界のインプットは何を指すかといえば、経営資源です。経営資源は、ヒト、モノ、カネ、そして時間と言う人もいます。さらに、今後ますます大切になってくるのは情報（データ）です。

　これらの経営資源を、皆さんが前期よりも今期5倍投入して、アウトプット2倍だったら、BS頭のBS社長はこう言うでしょう。

　「アウトプット（営業利益）2倍は確かに素晴らしい。ただ、もうちょっとインプット（経営資源）の使い方を考えてくれよ」

　私が言っているBS頭というのは、簡単に言ってしまうと、**$\dfrac{アウトプット}{インプット}$という分数で物事を考える**ということなのです。ところが、多くの人は、相変わらず、売上や利益などのアウトプットだけです。売上や利益というアウトプットを獲得するためにどんな経営資源をインプットするかという議論は後回しなのです。

■■ ソニーは本当に復活したのか？

　3年ぐらい前に、「ソニー復活」「ソニーはなぜ復活したのか」といった特集が、いろいろな経済誌で採り上げられました。ソニーが、20年ぶり[24]に営業利益5,000億円を突破することが見込まれたからです。その際、私はブログにこう書きました。

---

[24] 2018年3月期の営業利益は7,349億円と見込み通り、5,000億円を突破しました。

「ソニーは復活などしていない。いまだに資本コストを賄うだけの営業利益を稼ぐことができていない。つまり、企業価値を毀損している。」

なぜ私がえらそうにそんなことが言えたのでしょうか。簡単な話です。ソニーのバランスシートは、20年前よりも3倍の大きさになっているのです。3倍になっているバランスシートで、言いかえれば、3倍の資産をつかってやっとアウトプットが20年前

ソニーは復活したのか？

を超えるというのです。復活したと言えるわけがないでしょう。大切なことを言います。**PLだけでは、会社の業績は把握できない**[25]ということです。

「売上と利益を増やす」ことが目的だったら、黒字の会社をどんどん買ってくればいいことになってしまいます。黒字の会社を買収すれば、確かに売上と利益が増えます。ただ、何となく、それは違うなと思いますよね。その感覚は合っているのです。

■ 減らしてはいけない「3大戦略コスト」

売上が思うように増えないとPL社長はすぐコスト削減と言います。それはそれで無駄なコスト削減はしていくべきです。ただむやみに減らして

---

[25] 企業価値を増やせたかは、PL（損益計算書）ではわからないということです。

はいけないコストがあります。これを私は「3大戦略コスト」と言っています。1番目は研究開発費や事業開発費、2番目は広告宣伝費や販促費などのマーケティングコストです。そして、3番目は教育、採用関連費用です。これら3つのコストに共通することは何でしょうか。

生徒：アウトプットに影響するということです。

石野：たしかにアウトプットに影響してきます。そのタイミングはどうでしょう。

生徒：将来のアウトプットに影響することでしょうか。

石野：そうです。将来のアウトプットのためのコスト。言いかえれば、未来投資です。このようにも言えるかもしれません。アウトプットに結び付くのに時間がかかるコスト、あるいは結び付くかどうかもわからないコストと言えます。

■■■ ケチな経営者は2パターンいる

　3大戦略コストをケチる経営者には、2つのタイプがあります。

　まず最初のタイプは、自分のことしか考えない「エゴエゴ社長」です。これら未来投資を削減したら、何が起きるでしょうか。足元の利益、キャッシュが増えるわけです。上場会社であれば、株価が上昇し株主は満足するでしょう。また、社長も業績連動の報酬を受け取りウハウハです。そして、実際に悪影響が出るのは、自分が辞めた後ではないですか。自分のことしか考えていないエゴエゴ社長、これが1つ目のタイプです。

　もう1つのタイプは、「本当に尻に火が付いている社長」です。未来のことなど言っていられない、今の足元の利益、キャッシュが必要なんだと考えている社長です。皆さんの会社の社長が、3大戦略コストを削減し始めたら、どちらのタイプの社長か考えてくださいね。よろしいでしょうか。

　世の中には、全社一律コスト10％カットと言っている社長がいます。全社一律ですから、人件費や水道光熱費などのコストと先ほど説明した研究開発費をはじめとした未来投資を全部一緒にして10％カットということです。そんな会社の社長は戦略がないと言わざるを得ません。

■ 戦略とはソートである

　それでは、戦略とは何でしょうか。戦略については、いろいろな先生がいろいろなことを言っていると思います。私は戦略論について難しいことはわかりませんが、このシンプルな定義が気に入っています。それは、**戦略とはソートである**です。ソートは、並べ替えのことです。Excelにもソート機能がありますね。言い方を変えると、優先順位付けです。**戦略とは、優先順位を付けること**なのです。全社一律コスト削減では、そこには優先順位はありません。戦略がないと言わざるを得ません。

　私が行ったビジネススクールのストラテジー（戦略）の教授がこんなことを言っていました。「多くのビジネスパーソンは意思決定のアプローチを間違えている」。どういうことでしょうか。

　例えば、皆さんがやらなくてはいけない課題が5つあったとしましょう。優先順位を付けてください。皆さんは番号をつけて一番上から取りかかるでしょう。これが間違いだとその先生は言ったのです。「**1番から5番までナンバリングをした後、3番以下は忘れなさい。やるべき1番と2番に、あなたの全経営資源を投入すべきです**」。

　皆さんはどう思いますか。私はこの話を聞いた時、失礼ながら、「言うは易しだな」と思いました。だって、3番以下をやらなかったら、上司に怒られるかもしないし、そもそも、不安ですよね。だからこそ、覚悟、そして決断が必要なのかもしれません。

　トヨタ自動車の豊田章男社長はこう言っています[26]。「決断」という字

は、断つことを決することなんだ。つまり、**戦略とは、やることを決めると同時に、やらないことを決める必要があるのです。いや、むしろ、やらないことを決めることによって、その結果として、やるべきことが浮き彫りになってくる**のかもしれません。皆さんはこう思うかもしれません。なぜうちの会社には戦略がないのか。なぜ戦略がないのでしょうか。覚悟がないからやらないことを決められないのです。

■■ BS経営を実践しているオムロン

BS経営を実践するオムロン

BS頭というのは、$\frac{アウトプット}{インプット}$ という分数で物事を考えることだと言いました。

実は、BS頭をずっと実践している会社があります。オムロンです。図1-4をご覧ください。ROIC（投下資本利益率）[27] と言っても社内の人は困ります。ですから、オムロンは、翻訳しているわけです。

分子（アウトプット）は「お客さま（ステークホルダー）への価値」、分母（インプット）は「必要な経営資源」と「滞留している経営資源」になっています。掛けていくべきものは掛けていく、減らすべきものは減らしていくということです。

---

[26] 2018年6月26日 THE CONNECTED DAY
[27] ROIC（Return On Invested Capital）は、投下した資本に対してどれだけの税引後営業利益を稼ぐことができたかを示す指標です。詳細は、107ページで説明します。

■（図1-4）BS経営とは分数の経営

〈ROIC翻訳式〉

$$ROIC \fallingdotseq \frac{お客様（ステークホルダー）への価値(V) \uparrow\uparrow}{\underset{\lceil モノ、カネ、時間 \rfloor}{必要な経営資源(N) \uparrow} + \underset{\lceil ムリ、ムダ、ムラ \rfloor}{滞留している経営資源(L) \downarrow}}$$

出所：オムロン資料「ROIC経営2.0」

　オムロンの経営企画部門で働いている私の友人は、ここ数年でROICが現場レベルまで浸透してきたと言っていました。事業から撤退するべきか否かについても、すべてROICを使用しているそうです。

　ここでこう思った方がいらっしゃるかもしれません。「BS頭とは、効率とか生産性を高めていくということですよね。あまりに効率ばかり追い求めると組織に歪みが出てくるような気がしますが」。おっしゃる通りです。環境や社会のサスティナビリティ（持続可能性）ということが今や重要なテーマになっています。また、コロナ禍をきっかけに最近になってレジリエンス[28]（復元力、弾力性）という言葉が脚光を浴びるようになってきました。組織のレジリエンスを高めるには、どうすればいいのか。オムロンでは、効率を追求するだけでなく、組織に遊び[29]が必要ではないかという議論をしていると聞きました。想定外の危機や環境変化に対応し、それを糧としてさらに成長できる組織の力をどう高めるのか。オムロンはそんな課題に今、向き合っていると言えます。

[28] もともとはストレスと同様に物理学の用語。ストレスは「外力による歪み」を意味し、レジリエンスは、「外力にある歪みを跳ね返す力」として使われます。出所、ウィキペディア
[29] ここでの「遊び」はハンドルの「遊び」と同じです。

　特許権やソフトウェアなどの無形資産の重要性が高まっています。2019年9月17日付日本経済新聞によれば、米国S&P500社の時価総額の内、無形資産が生んだ価値の比率は40年間で17%から84%に増加していると言います。富の源泉は、機械や不動産などの有形資産から知識やデータなどの無形資産へと変化しているのです。

　ここで気になるのは、財務諸表上の無形資産の評価額は果たして企業の実態を表したものなのかということです。シンガポール知的財産事務局マンダ・テイ氏によれば、アルファベット（グーグルの持ち株会社）の無形資産の価値を米国の評価会社が試算したところ、開示されている評価額の30倍以上だったといいます。実は会計の世界では価値を正確に把握できない限り、価値として認識しないのです。例えば、ナイキはアパレル企業のブランド力ランキングで6年連続首位[30]をとるなど、ものすごく貴重なブラ

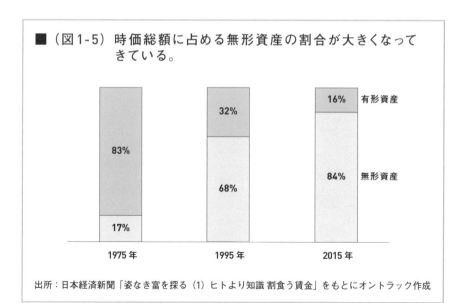

■（図1-5）時価総額に占める無形資産の割合が大きくなってきている。

出所：日本経済新聞「姿なき富を探る（1）ヒトより知識 割食う賃金」をもとにオントラック作成

ンド価値を有しています。ところが、その価値を正確に計測することはできないので、ナイキのバランスシートにその価値が計上されていないのです。企業の競争優位が無形資産によって決まる時代です。企業がどのような無形資産を保有しているか、それが企業価値にどのように貢献しているかは投資家の関心事です。ところが、その情報が財務諸表には必ずしも計上されているとは限りません。BS頭が大事と言っても、このように企業のバランスシートそのものには限界があります。私たちはそのことを頭に入れながら、インプットとアウトプットを意識したBS頭を心掛けるべきです。

PL（損益計算書）で重要な3つのポイント

　次はPL（損益計算書）についてのお話です。これはBSに比べれば単純で、収益からかかった費用を引いたら、これだけの利益や損失が出たことを示しています。PLで大事なことを、3つお話ししたいと思います。

【売上総利益は、付加価値力を表す利益概念】

　①売上高から②売上原価をマイナスしたものが③売上総利益（粗利益）です。**売上総利益は付加価値力を表すと覚えてください。**

　売上原価は、製造業であれば、製品のコスト、小売業であれば、商品の仕入額です。製造コストについて説明しておきましょう。3大製造コストとは何でしょうか。原材料、労務費、そしてその他経費です。その他経費は例えば、工場の機械設備などの減価償却費などがあります。

　日本の製造業の最近の傾向で言えば、原材料が製造コストに占める割合は70％と言われています。つまり、**製品の原材料として何を採用するか**

[30] 英国ブランドファイナンス「ブランドファイナンス Apparel 50 2020」

■（図1-6）損益計算書の内訳（日本の会計基準）

	①	売上高	製品・商品・サービスの販売額
	②	売上原価	製品の製造コストや商品の仕入額
③＝①－②		売上総利益 （粗利益）	付加価値をどれくらいつけたのか表す 利益
	④	販売費及び 一般管理費	販売活動や管理活動にかかった費用
⑤＝③－④		営業利益	本業の儲ける力を表す利益
	⑥	営業外収益（受取利 息・受取配当金・持分法 による投資利益など）	営業活動以外の経常的に発生する収益
	⑦	営業外費用 （支払利息など）	営業活動以外の経常的に発生する費用
⑧＝⑤＋⑥－⑦		経常利益	通常の営業活動や財務活動から生み 出される利益
	⑨	特別利益	特別な要因によって発生した利益
	⑩	特別損失	特別な要因によって発生した損失
⑪＝⑧＋⑨－⑩		税引前当期利益	企業のすべての活動から生み出された利益
	⑫	法人税等	当期の所得に対して、税法に基づき計算 された税金
⑬＝⑪－⑫		当期純利益	税金の差し引き後に最終的に残った利益

を検討する原価企画の段階でおおむねコストは決まってしまいます。 つまり、従来と比較して現場でできる原価低減の余地がなくなってきていると言われています。そんな製造業を取り巻く環境も知っておいてもらえればと思います。

【営業利益は最も重要な利益概念】

　⑤**営業利益は、本業の儲ける力を表す利益概念です。**最も重要な利益概念と覚えておいてください。私が銀行員だった古き良き時代は、経常利益が大切だと教わりました。その時代は終わりました。なぜでしょうか。⑧**経常利益は、日本の会計基準にしかない利益概念なのです。**米国会計基準にも国際会計基準（IFRS）にもありません。

　では、なぜ、日本では経常利益が重要視されてきたのでしょうか。それは企業の発展の歴史が、日本と英国や米国などのアングロサクソン系の国とでは違ったことにあるのではないかと思います。日本は銀行などの金融機関から間接金融（融資）で資金調達することによって成長してきました。金融機関が企業に融資する際に注目したのは、営業利益よりも、借金の利息を支払った後の経常利益でした[31]。

　一方、英国、米国の企業は銀行などからの間接金融ではなく、直接金融、つまり、社債を発行したり、株主に出資してもらう資金調達がメインだったのです。株主からすれば、企業が気にすべきコストは利息だけでなく、配当や成長ですから、中途半端に利息のみを支払った後の利益概念など、はなから興味がなかった。したがって、経常利益という概念は必要なかったのではないかと思います。

　⑥営業外収益というのは、受取利息とか受取配当金、持分法による投資利益などです。持分法が適用されるのは、関連会社です。関連会社の出資相当の利益というのは、営業外収益に計上されます。そこから借金の利息など⑦営業外費用をマイナスしたものが、⑧経常利益です。

---

[31] 金融機関は、経常利益を見ることによって借金の返済がきちんとできるかどうかみるのです。

【当期純利益で一喜一憂しないで特別利益・損失を見る】

⑬当期純利益を見るときには、その増減だけで一喜一憂しないでください。**⑨特別利益、⑩特別損失で、何が計上されているかを見てください（図1-6）。** ここにこそ、社長の恣意性が入る余地があるからです。はっきり言いましょう。当期純利益はある程度調整が可能です。もちろん、合法的にです[32]。

例えば、クライアント先（上場会社）でこんなことがありました。日本の上場会社というのは、売上や当期純利益の計画値を公表しています。その会社は、このまま3月決算を迎えると、計画値よりも当期純利益が多くなりそうでした。普通、多くなるのならいいじゃないかと思いますよね。ところが、その社長は、計画値通りにしたかった。なぜかというと、翌期に、もっと当期純利益を増やせとなってしまう可能性があるからです。

当期純利益を少なくしたい経理部は何をしたでしょうか。全国の工場にこういう通達を出したのです。「使っていない機械設備、今後使う見込みのない機械設備があれば、今期中に廃棄処分をしろ」。そうすると、バランスシートの左側に計上されていた機械設備が減ります。どこで帳尻を合わせるかというと、損益計算書の特別損失に、機械設備の除却損失という形で損失計上することになります。その結果、当期純利益を計画値通りにすることができました。

あとは、減損です。減損損失というのを皆さん聞いたことがあると思います。減損は、企業の工場や店舗などの資産価値が大きく下がったときに、BS上の簿価を減少させることです。資産の目減り分は⑩特別損失として計上することになっています。「損」ですから、最終的な利益を示す当期純利益を押し下げることになります。減損をどこまでするかは、監査

---

[32] 会計制度上認められている範囲内で経営者が会計数値を調整することを「アーニングスマネジメント」と言います。

法人と企業との交渉事です。ところで、監査法人の報酬は誰が払っていると思いますか。企業が払っているんです。

　東芝の監査法人が東芝子会社の減損を求めたことに対して、当時の東芝副社長から「監査法人をかえる」という圧力があったと日経ビジネスで暴露されたことがありました。企業の意向に沿わない監査法人にプレッシャーをかけるのは本来あってはならないことです。ただ、監査法人は企業から監査報酬を得ているので、その企業の意を酌むということはあり得ますよね。

　ちょっと余計な話をしてしまいました。言いたかったことは、**当期純利益だけ見ていると何も言えない**ということです。特別利益と特別損失を見なくてはいけません。これが皆さんにお伝えしたいことです。

　PL（損益計算書）で大切なことを3つお話ししました。おさらいします。

①　売上総利益は、付加価値力を表す利益概念
②　営業利益は最も重要な利益概念（なぜなら、本業の儲ける力を表す利益概念だからです）
③　そして、当期純利益を見るときは、その増減だけで一喜一憂しないで特別利益、特別損失を見る

国際会計基準と日本基準では「営業利益」の定義が違う

　ここで皆さんに見ていただきたいのは、国際会計基準を適用している企業の損益計算書です。実は日本の会計基準でいう営業外収益・費用と特別利益・損失は営業利益の上に計上されるのです（図1-7）。つまり、**営業利益の定義がそもそも日本基準と国際会計基準では異なる**ことに注意が必要です。

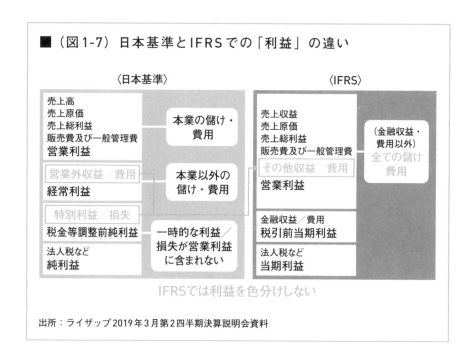

■（図1-7）日本基準とIFRSでの「利益」の違い

出所：ライザップ2019年3月第2四半期決算説明会資料

　これに関して、2018年にRIZAPグループの「負ののれん[33]」が話題になりました。「負ののれん」は、買収先の純資産が買収金額（支払対価）を上回った場合の純資産と買収金額（支払対価）の差額です（図1-8）。そして、その差額を純資産より割安に購入できたとして「その他の収益」に表示することになるのです。

　この収益は、日本の会計基準では営業利益の下にある特別利益に計上されるのに対して、国際会計基準を適用するRIZAPグループは営業利益の上にあるその他収益に計上されるのです（図1-7）。たとえば、純資産が50億円の企業を30億円で買収したとしましょう。差額の20億円が「負のの

---

[33] のれんとは、企業のM&A（買収・合併）の際に発生する「買収先企業の純資産（時価）」と「買収金額」との差額のことです。通常は「買収価格」が「買収先企業の純資産（時価）」より高くなりますが、逆になった場合は、「負ののれん」が発生します。

れん」になります。その20億円がその他収益に計上され、営業利益は20億円増えることになります。ただし、この20億円は帳簿上のお話でいつまでたっても現金として回収できません。

　ちなみに、RIZAPグループの2018年3月期の営業利益136億円のうち、「負ののれん」は88億円です。なんと営業利益のうち約6割を「負ののれん」が占めるのです。念のためですが、88億円というのは会計上のお話であってキャッシュフローには影響はありません。実際のところ、2018年3月期のRIZAPグループの営業キャッシュフローはわずか8,800万円しかありません。それなのに配当を15億円支払っているのですから驚きです。

　ちょっと難しかったかもしれませんが、皆さんに知っておいていただきたいことは、**会計基準が違えば今や営業利益の定義も異なる**ということです。日本基準では営業利益は本業の儲ける力を表す利益ですが、国際会計基準では必ずしもそうとは言い切れなくなっています。繰り返しになりま

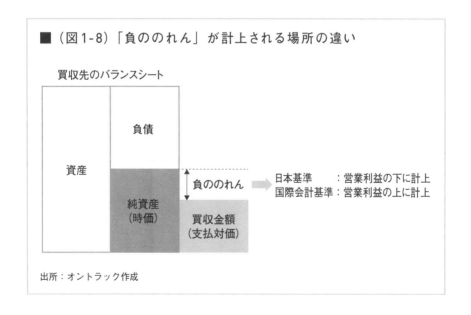

■（図1-8）「負ののれん」が計上される場所の違い

買収先のバランスシート

日本基準　　　：営業利益の下に計上
国際会計基準：営業利益の上に計上

出所：オントラック作成

すが、特別な（一時的な）損益も営業利益に含まれているのがその理由です。

■■■ 会社当てクイズ

　それでは、皆さんにこれから会社当てクイズをやっていただきたいと思います。これから申し上げるのは全てヒントになりますので、よくお聞きいただければと思います。自信がある方はノーヒントでチャレンジしてみてください。

■ 演習問題：会社当てクイズ

次の財務諸表5社は以下の企業です。（全て連結ベース）
財務諸表から業界・会社の特徴を読み取り、それぞれどの企業に該当するか判断してください。また、その理由も考えてください。

- ➡ ローソン
- ➡ 資生堂
- ➡ ファーストリテイリング（ユニクロ）
- ➡ オリエンタルランド（東京ディズニーリゾート）
- ➡ 任天堂

（図A）BS（バランスシート）

構成比(%)	BS（バランスシート）				
	企業1	企業2	企業3	企業4	企業5
【資産】					
流動資産	31%	44%	47%	78%	81%
現金・短期有価証券等	28%	9%	25%	63%	54%
売上債権	1%	14%	3%	7%	3%
棚卸資産	2%	15%	2%	5%	20%
その他	1%	6%	17%	3%	4%
固定資産	69%	56%	53%	22%	19%
有形固定資産	60%	26%	29%	4%	8%
無形固定資産	2%	20%	7%	1%	3%
投資その他	7%	10%	17%	17%	7%
資産合計	100%	100%	100%	100%	100%
【負債】					
流動負債	10%	38%	41%	18%	24%
固定負債	9%	19%	38%	2%	27%
負債合計	19%	58%	80%	20%	51%
【純資産】					
資本金	6%	5%	4%	1%	1%
剰余金その他	75%	37%	16%	79%	48%
純資産合計	81%	42%	20%	80%	49%
負債・純資産合計	100%	100%	100%	100%	100%

（図B）損益計算書

構成比(%)	損益計算書				
	企業1	企業2	企業3	企業4	企業5
売上高	100%	100%	100%	100%	100%
売上原価	65%	23%	28%	51%	51%
売上総利益	35%	77%	72%	49%	49%
販管費	14%	67%	63%	22%	38%
営業利益	21%	10%	9%	27%	11%
営業外収益	1%	1%	1%	2%	1%
受取利息・配当金	0%	0%	0%	1%	1%
持分法投資損益	0%	0%	0%	1%	0%
その他	0%	0%	0%	0%	0%
営業外費用	0%	1%	1%	1%	1%
支払利息・割引料	0%	0%	1%	0%	0%
その他	0%	1%	1%	1%	1%
経常利益	21%	10%	8%	28%	11%
特別利益	0%	0%	0%	0%	0%
特別損失	2%	0%	4%	0%	0%
法人税等その他	6%	3%	1%	8%	3%
当期利益	13%	7%	3%	20%	8%

（図C）指標比較

構成比 (%)	企業1	企業2	企業3	企業4	企業5
【総合力】					
ROE	8%	15%	7%	17%	18%
ROA	6%	6%	1%	13%	9%
【収益性】					
売上高総利益率	35%	77%	72%	49%	49%
売上高営業利益率	21%	10%	9%	27%	11%
【効率性】					
総資産回転率（回）	0.5	0.9	0.5	0.7	1.1
有形固定資産回転率（回）	0.8	3.6	1.9	15.8	14.1
売上債権回転日数（日）	5.7	55.8	23.7	37.1	9.6
棚卸資産回転日数（日）	24.4	259.4	37.2	48.7	128.0
【安全性】					
純資産比率（自己資本比率）	81%	42%	20%	80%	49%
流動比率	315%	115%	113%	422%	344%
当座比率	287%	61%	70%	380%	241%
固定比率	85%	133%	262%	28%	38%
【成長性】					
売上高成長率（直近）	(12%)	3%	4%	9%	8%

【ヒント①】 まず、BS（バランスシート）をパッと見て下さい（図A）。着目していただきたいのは、企業1です。60％ものお金を有形固定資産で運用しています。形が有る固定資産というのは、言いかえれば目に見える固定資産です。例えば、機械設備、装置や土地です。有形固定資産でお金をぐるぐる回している会社ですから、装置産業と言えるかもしれません。

【ヒント②】 次に、特徴が出ているのが、企業4と企業5です。企業4は63％ものお金を現金だとか短期有価証券[34]でぐるぐる回している会社です。企業5も、結構な金額です。こういう会社のことをキャッ

---

[34] 短期有価証券というのは、1年以内に売買を繰り返す有価証券です。したがって、現金化しやすい資産と言えます。

シュリッチな会社といいます。

【ヒント③】次に着目していただきたいところは、企業2と企業5の棚卸資産です。棚卸資産というのは在庫のことです。どういうことでしょうか。この企業2と企業5は、品ぞろえをある程度そろえておかなくてはいけない企業かもしれません。

【ヒント④】そしてお金の調達サイドです。どうやってお金を調達してきたのかみてみましょう。剰余金その他というのは何でしょうか。内部留保のことです。企業1と4の内部留保は75％と79％です。内部留保という埋蔵金はないと言いました。

　これらの会社は配当を払った後、これだけ利益を積み上げてきたということです。こういう企業1とか企業4みたいな会社を内部留保が厚い企業といいます。まさに銀行好みの会社です。どうして銀行が好きかというと、内部留保が厚い企業は負債の割合が低いのです。つまり、銀行好みの企業は借金が少ない企業なんです。なぜかといえば、倒産しにくいからです。

【ヒント⑤】そして、損益計算書です（図B）。売上総利益は、付加価値力を表す利益と言いました。企業2と企業3の付加価値力はすごいですね。売上高に占める売上総利益の割合を売上総利益率といいますが、それぞれ77％と72％です。例えば、製造業の場合は、製造コスト（原材料、労務費、その他経費）などを抑えながら、付加価値が高い製品を作って高く売ることができれば、売上総利益率は高くなります。

【ヒント⑥】営業利益率を見てください。皆さんにこの営業利益率に

関して、便利な「物差し」を2つ差し上げたいと思います。1つは、日本の上場会社（除く金融業）の平均営業利益率は約6％だということです。

　そして、もう1つの物差しは、カルビーの元社長の松本さんが、インタビューでこんな発言をしています。「アメリカでは営業利益率が2桁いかない企業の社長は失格だ」。アメリカでは営業利益率は少なくとも10％いかないとダメなんですね。これも皆さん知っておいてください。よろしいでしょうか。

　ここから先は話のネタです。つい先日のことです。GAFA＋M、5社の時価総額[35]が東証一部上場企業の時価総額の合計を超えたという報道がありました。これら5社の営業利益率[36]はどうなっているのでしょうか。

　Google（実際は親会社のAlphabet）の営業利益率は21％、Appleの営業利益率は24％。そして、Facebookは34％。Amazonは皆さんにちょっと考えていただきましょう。最後にMicrosoftは37％です。さてAmazonの営業利益率はどれくらいだと思いますか。なんと5％です。日本の上場会社の平均よりも低いのです。なぜでしょうか。Amazonは、今や世界一研究開発投資をしている企業なのです。

[35] 時価総額は株価×発行済株式数のことです。簡単に言ってしまえば、時価総額100億円の企業は100億円だせば買えるということです。

[36] Google 2019年12月期、Apple 2020年9月期、Facebook 2019年12月期、Amazon 2019年12月期、Microsoft 2020年6月期

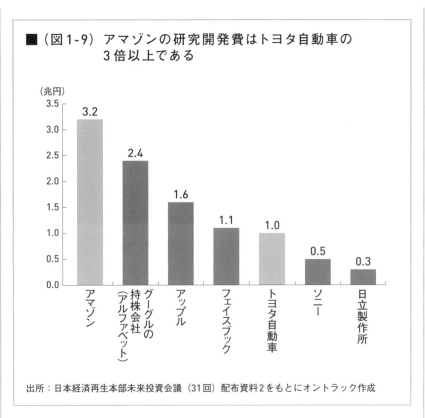

■（図1-9）アマゾンの研究開発費はトヨタ自動車の
　　　　３倍以上である

（兆円）

アマゾン	グーグルの持株会社（アルファベット）	アップル	フェイスブック	トヨタ自動車	ソニー	日立製作所
3.2	2.4	1.6	1.1	1.0	0.5	0.3

出所：日本経済再生本部未来投資会議（31回）配布資料2をもとにオントラック作成

　日本ではトヨタ自動車が1兆円でナンバーワンです。一方の
Amazonは3兆2,000億円です。すごい未来投資です。

　さらに物流センターやデータセンターへの設備投資もしています。
ちなみにAmazonの販管費の中で最も大きな割合を占めるのが物流コ
ストです（2019年度売上高比14.3%）。日本の小売業の平均が4.35%[37]で
すから、その力のいれようはおわかりになるはずです。

　会社当てクイズに戻りましょう。企業1の営業利益率21%、企業4

[37] 2019年度物流コスト調査報告書（日本ロジスティックスシステム協会）

の27％は、GAFA＋Mの中に名を連ねてもおかしくないほどの高収益であることがわかります。その他の企業も10％前後ですから、この5社は日本企業の中でも収益性が高い企業であることがわかります。

【ヒント⑦】 そして、財務指標です（図C）。着目していただきたいのは、売上債権回転日数です。売上債権というのは売掛金や受取手形で、決算日の時点で、回収できていない債権のことです。バランスシートの左上に載っています。これを1日当たりの売上高で割り算すると、現金回収までに平均で何日かかるかということが計算できます。ちなみに現金商売は0日です。この売上債権回転日数は短ければ短いほど会社にとっては有利です。

　この点を踏まえると現金商売に近いビジネスをしている会社は企業1（5.7日）と企業5（9.6日）だとわかります。

【ヒント⑧】 棚卸資産回転日数です。棚卸資産というのは在庫です。在庫を1日あたりの売上原価で割り算したものが棚卸資産回転日数です。小売業の場合、売上原価は仕入コストです。製造業の場合は製造コスト（原材料、労務費、その他経費）です。棚卸資産回転日数が意味するものは、小売業の場合は仕入れの何日分の在庫を保有しているか。製造業の場合は、原材料を仕入れてから、販売までの日数（リードタイム）です。いずれにしても、在庫水準といえます。先ほど私はこう言いました。企業2と企業5というのは、品ぞろえをある程度そろえておかなくてはいけないビジネスをしている可能性がある。このことが棚卸資産回転日数にも表れているのです。

【ヒント⑨】 そして、ローソンについてのヒントを差し上げましょ

う。ローソンは98%以上の店舗が加盟店です。つまり、ローソン本体が経営している店舗は2%未満。フランチャイズビジネスと言えます。このことから何が言えるでしょうか。ローソンの売上の大半が加盟店から頂くロイヤリティー収入なのです。これがローソンの損益計算書にどのように出てくるか考えてみてください。

【ヒント⑩】　最後はヒントというより、注意点でしょうか。各社の財務数値のベースとなる決算の時点が異なります[38]。コロナ禍の影響をもろに受けているのは、決算日が2020年3月期のオリエンタルランドと任天堂です。オリエンタルランドに至っては、決算月の3月は休園でした。つまり、3月の売上高[39]は相当落ち込んでいるでしょう。

以上をヒントにまずはご自身で考えてみてください。

それでは解説していきましょう。まずは、当てていただきたかったのは企業1のオリエンタルランドです。GAFA並みの**圧倒的な収益力（営業利益率の高さ）と有形固定資産の比率の高さ**です。オリエンタルランドは、設備型のビジネスといえます。売上債権回転日数が5.7日なのが気になったという方もいるかもしれません。これは、決算月である3月の売上債権[40]（売掛金や受取手形）が休園の影響でほぼなかったことに対して、売上高減少は前年比約10%減少にとどまっているということにあります。言ってみれば、特殊要因です。

---

[38] ファーストリテイリング2019年8月期、資生堂2019年12月期、ローソン2020年2月期、オリエンタルランドおよび任天堂2020年3月期。ファーストリテイリングのみ、IFRSですが日本基準に組み換えしています。

[39] オリエンタルランドはテーマパーク事業の他にホテル事業、その他事業を行っています。各事業の売上高に占める割合はそれぞれ83%、14%、3%です（2020年3月期）。

[40] 売上債権残高は期首と期末の平均残高とすることもありますが、ここでは2020年3月期末残高を使っています。

ニンテンドースイッチ

そして、企業4は、知る人ぞ知るという感じの任天堂です。実は、任天堂は**キャッシュリッチかつ無借金**で有名な企業です。ここ数年の任天堂の業績はすさまじいものがあります。主力ゲーム機「ニンテンドースイッチ」や人気ゲーム「あつまれ　どうぶつの森」が絶好調です。これが営業利益率27%という高収益につながっています。

　話がそれますが、先に述べた通り、任天堂のバランスシートは資産の63％がキャッシュで運用され、さらに無借金です。皆さんが株主だったら、これをどう思いますか。私だったら、こう言うでしょう。「私たち株主が任天堂に出資しているのは、あなたが現預金とか短期有価証券で運用して欲しいからではありません。もっとお金を増やしてくれるものに投資をして私たちに還元してほしい。もし、それができないのであれば、とっとと私たちに配当や自社株買いなどで還元してほしい」。現在の任天堂の礎を築いたといわれる元社長の岩田さんは5年前に55才の若さで亡くなっています。その岩田さんはかつて決算説明会[41]の質疑応答でこんな主旨の発言をしています。

　「ゲームビジネスというのは、非常にリスクの高いビジネスである。このビジネスはキャッシュリッチでないとできないと思っている。
　一方で、キャッシュがあるということはいろんな選択肢を持つとい

---

[41] 2009年3月期　任天堂決算説明会。

うことである。われわれのビジネスの構造と経営の選択の自由度があることが、任天堂がチャレンジングな目標に向かって活動できる1つの材料であり、強みである」

任天堂のキャッシュリッチの背景には経営者の確固たる考えがあることがわかります。話を戻しましょう。企業1と企業5の売上債権回転日数はそれぞれ5.7日と9.6日です。現金商売に近いことから、もしかしたらローソンと考えた方がいたかもしれません。ただ、思い出してください。ローソンはフランチャイズビジネスです。加盟店からお金をもらうわけですから、現金商売とは言えません。企業1と5はローソンではないということですね。企業1はオリエンタルランドでした。企業5はファーストリテイリングと資生堂のどちらでしょうか？　どちらが現金で支払うお客さんが多いでしょうか？　顧客単価から想像するにファーストリテイリングではないでしょうか。

岩田聡 元任天堂社長

ちなみに企業5がローソンではないことは在庫水準の高さからも言えます。ローソンの店舗にある在庫というのは、ローソン本体のものでは

ローソンの店舗の在庫は誰のもの？

ありません。加盟店の在庫です。そう考えると、企業2も在庫水準の高さからローソンではないとわかります。ローソンの売上高の大半がロイヤリティー収入というのはどのように考えればいいのでしょうか。ロイヤリティーは原価がかかりませんので、売上に計上されたものはズドンとそのまま粗利益になるイメージです。結果的に売上高総利益率の高さにつながるということです。したがって、ローソンは企業3となります。

そして、残った企業2は資生堂ということになります。

資生堂の売上総利益率が77%と高いのは化粧品メーカーは製造コスト（特に原材料）が低いからです。付加価値パワーがあるかわりに営業利益率は10%です。なぜかといえば、「販売費及び一般管理費（販管費）」の比率が高いというのがその理由です。販管費の内訳で大きな比率を占めるのが広告宣伝費や販促費などのマーケティングコストです。

資生堂の棚卸資産回転日数が200日を超えるのはなぜか、私も少々疑問に思って資生堂に問い合わせしました。資生堂の製品は3つのカテゴリーに分かれています。フレグランス、メイキャップ、そしてスキンケアです。フレグランスの売上高は、全体の約15%ですから、資生堂のメインはスキンケアとメイキャップと言っていいと思います。在庫水準が高い原因は、スキンケアではなく、メイキャップということでした。とにかく口紅一つをとってみても、いろいろな色を用意しないといけないんですね。さらに季節要因という話をされていました。資生堂は12月決算です。春と秋に新製品を出すことになっているそうです。秋に新製品を出すものの、既存のものも残っていて、12月決算を迎える時は、新旧製品がちょうどオーバーラップするタ

資生堂の化粧品

イミングになるらしいです。その結果として、通常の時期よりも在庫が多くなりがちだというような説明をしていただきました。ということで、会社当てクイズの解答をまとめると次のようになります。

■ 会社当てクイズ解答

	企業1	企業2	企業3	企業4	企業5
企業名	オリエンタルランド	資生堂	ローソン	任天堂	ファーストリテイリング

■■ リスクとは「危」「機」である

　先ほど、任天堂のキャッシュリッチの理由は、ゲームビジネスのリスクの高さにあるという元社長の岩田さんの発言をご紹介しました。ビジネススクールのファイナンスの教授は、私たちにリスクとは東洋の「危機」という文字がその本質を表していると説明してくれました。つまり、**リスクには、「危険」と「機会」の両方の意味合いがあります**。リスクとはプラスとマイナスの両方の側面があるという言い方もできます。つまり、**リスクとは、「ばらつき」である**ということです。

　最近の日経平均株価の動きはどうでしょう。コロナ禍で新たなニュースが出るたびに上昇、下落とばらついています。こういう状況をリスクが高いというのです。先の岩田さんの「ゲームビジネスはリスクが高い」というのは、ゲームビジネスは業績の「ばらつき」が大きいと言っていることになります。だからこそ、キャッシュリッチかつ無借金でなくては会社が存続しないということなのです。

■ ハイリスク・ハイリターンの原則

　ファイナンスの重要な原則に、ハイリスク・ハイリターンという言葉があります。ただ、この言葉の意味が一般の方々に正しく理解されているとはいえません。「この金融商品はハイリスクです。ただその代わり、高いリターンが得られますよ。ハイリスク・ハイリターンというではないですか」と言う金融機関の人間がいたら、皆さん一刀両断しなくてはいけません。

　なぜなら、ハイリスクというのは、「リターンのばらつきが大きい」ということです。高いリターンの時もあれば、低いリターンの時もあるということです。それをあたかも高いリターンが得られるかのように説明するのはおかしいのです。ハイリスク・ハイリターンの本来の意味は**ばらつきが大きいものにお金を投資するときは、それ相応の高いリターンを要求すべき**ということです。言いかえると、ばらつきがわからないものにお金を投資してはいけないということです。なぜなら、想定されるリターンがリスクに見合ったものか、わからないからです。

■ ソフトバンクGの社債はお得なのか？

　ハイリスク・ハイリターンの事例として、2016年10月6日付日本経済新聞「ソフトバンク、売れない社債が示す教訓（一部抜粋）」をご覧いただきましょう。

＊＊＊＊

　今回、個人向けに発行したハイブリッド債は4,000億円。当初5年間の利率が高めであることから、人気を集めて売れ行きは順調だっ

た。だが、対照的に機関投資家向けは需要がさほど積み上がらず、発行額は710億円にとどまった。この結果にソフトバンクが受けた衝撃は大きい。当初、全体で6,000億〜7,000億円程度の発行規模を見込んでいたからだ。

＊＊＊＊

　プロの機関投資家には売れなくて、個人に大人気というのはどういうことでしょうか。このハイブリッド債（25年債、27年債）は、ソフトバンク側の判断で繰り上げ償還したり、利払いを繰り延べたりできる条項がつきます。その代わり25年債の場合は、当初5年間の利率が3％になっています。個人に売れているのは、某証券会社が「5年で3％の金利は高い」というセールス文句で販売しているからという噂がありました。実際には5年で償還されるかわからないのにもかかわらずです。リターンばかりを見て、「今5年の定期が1％にもならないのに3％だってよ。」「えぇー、それは買いだ！」という感じだったと想像できます。

　プロの機関投資家に売れなかったのは、3％のリターンではソフトバンクグループのリスクに見合わないと考えたからではないでしょうか。ところが世の中の人たちはリターンばかり見て、その背後にあるリスクなどお構いなしです。ソフトバンクグループの社債と定期預金の利率を比べてはいけません。リスクが異なるからです。つまり、私たちが問わなくてはいけないのは、**リターンはリスクに見合うのか**です。アウトプットとインプットと両方を考えるように、リターンとリスクを両方考えなくてはいけないのです。

■■■ 東京スカイツリーから飛び降りるリスク

リスクはばらつきであると言いました。それでは、問題[42]です。どれが一番リスクが高いでしょうか。

A：マンションの2階から飛び降りる
B：マンションの4階から飛び降りる
C：東京スカイツリーの頂上から飛び降りる

AとBに手を挙げた方がチラホラいらっしゃいますね。Cに手を挙げた方が一番多いようです。これに手を挙げた方は素直な方ですね。私が好きなタイプです。私に好かれてもしょうがないですね。話を先に進めましょう。私がもし、「どれが一番危険ですか？」と聞いたら、それは東京スカイツリーとなるでしょう。私は「どれが一番リスクが高いですか？」とお聞きしたのです。リスクとはばらつきです。何のばらつきなのか、きちんと説明しておりませんでした。リスクとは**想定される結果のばらつき**です。東京スカイツリーの頂上から100人飛び降りたら、何が想定されるでしょうか。100人全員**確実に死亡**です。ばらつきはありません。つまり、ノーリスク（リスクフリーとも言います）です。2階から飛び降りたらどうでしょうか。ケガする方もいらっしゃるでしょうけど、ほとんどの方が無傷なのではないでしょうか。それでは、4階から飛び降りた場合はどうでしょう。ケガする方、打ちどころが悪く亡くなる方、無傷な方とばらつくのではないでしょうか。つまり、リスクが高いのは、Bの「マンションの4階から飛び降りる」になるのです。

---

[42] この問題は、『パンダをいくらで買いますか？』（野口真人著、日経BP）という素敵な本から拝借しました。この本もお薦めです。

64

■■■ キャッシュフローは3種類ある

　話を財務三表に戻しましょう。貸借対照表（BS）、損益計算書（PL）はお話ししました。

　財務3表の最後は、キャッシュフロー計算書（CS）です。キャッシュフローには、Ⅰ営業活動によるキャッシュフロー、Ⅱ投資活動によるキャッシュフロー、Ⅲ財務活動によるキャッシュフローの3種類があります。実際にキャッシュフロー計算書を見てみましょう（図1-10）。

　この企業の場合、営業活動によって生み出されるキャッシュフローが397億円（図1-10①）あります。このキャッシュフローがマイナスの場合は、経営上、危険な状態にあることを覚えてください。営業利益が赤字であることよりもまずいです[43]。何と言っても、営業活動によるキャッシュフローがマイナスは、本業のビジネスがうまくいかず、キャッシュが出ていくばかりだからです。

　投資活動によるキャッシュフローでは、何にいくら投資しているかがわかります。△461億円（図1-10②）の△は会社の金庫からお金が出ていくことを表しています。「減価償却費」と「固定資産取得による支出」のバランスを見ます。この会社のように減価償却費232億円に対して、2倍以上もの固定資産（△532億円）を取得している会社は、設備投資に積極的であることが見て取れます。

　企業の成長が止まって成熟ステージに入ると、設備投資をすると言っても減価償却費と同額かそれ以下の投資しかしなくなる傾向が出てきます。最低限の設備を維持するだけの投資しかしなくなるんです。

　財務活動によるキャッシュフローでは、キャッシュの過不足の状態や資金調達方法、財務政策を把握することができます。そして、キャッシュフ

[43] 営業赤字といっても、費用の中には減価償却費（201ページで説明します）のように実際にキャッシュで支払わないものもあるからです。

■（図1-10）3種類のキャッシュフロー

キャッシュフロー計算書の内訳		考え方

<table>
<tr><td rowspan="12">フリーキャッシュフロー ①+②</td><td colspan="2">Ⅰ．営業活動によるキャッシュフロー</td></tr>
<tr><td>1.税引前当期利益</td><td>361</td></tr>
<tr><td>2.減価償却費</td><td>232</td></tr>
<tr><td>3.投資有価証券売却損益（△は益）</td><td>△11</td></tr>
<tr><td>4.固定資産売却損益（△は益）</td><td>0</td></tr>
<tr><td>5.売上債権の増減額（△は増加）</td><td>△65</td></tr>
<tr><td>6.たな卸資産の増減額（△は増加）</td><td>△50</td></tr>
<tr><td>7.支払債務の増減額（△は減少）</td><td>23</td></tr>
<tr><td>8.その他の資産、負債の増減額</td><td>138</td></tr>
<tr><td>9.法人税等の支払額</td><td>△231</td></tr>
<tr><td>営業活動によるキャッシュフロー</td><td>397 ─①</td></tr>
</table>

- ・企業がどれだけのキャッシュを生み出す能力をもっているかがわかる
- ・このキャッシュフローの水準が同業他社比高い場合、競争力があると言える（他社とは営業CF/売上高や営業CF/投下資本などの比率で比較するとよい）
- ・このキャッシュフローがマイナスの場合、経営上、危険な状態にある（ただし、企業の事業ステージが導入期の場合はこの限りではない）

Ⅱ.投資活動によるキャッシュフロー	
1.定期預金の純増減額（△は増加）	96
2.固定資産売却による収入	0
3.固定資産取得による支出	△532
4.投資・有価証券取得による支出	△42
5.投資・有価証券売却による収入	17
投資活動によるキャッシュフロー	△461 ─②

- ・何に、いくら投資しているかがわかる
- ・減価償却額と固定資産取得による支出を比較してみることによって、設備投資に積極的であるか把握できる
- ・営業CFとのバランスに注意が必要（FCFが2期連続マイナスは黄色信号）

Ⅲ.財務活動によるキャッシュフロー	
1.短期借入金の純減少額	△11
2.長期借入による収入	289
3.長期借入金の返済による支出	△21
4.配当金の支払額	△50
財務活動によるキャッシュフロー	207 ─③
現金及び現金同等物の増減額	143（=①+②+③）
現金及び現金同等物の期首残高	523
現金及び現金同等物の期末残高	666

- ・キャッシュの過不足の状況や資金調達方法、財務政策を把握することができる
- ・プラスの場合は、必要な資金が不足しており、新たに資金調達したことがわかる
- ・マイナスの場合は、営業活動で十分なキャッシュを稼いでおり、有利子負債の削減や配当・自社株買いなどによる株主への還元が行われたことがわかる

※FCF（フリーキャッシュフロー）：営業活動によるキャッシュフロー＋投資活動によるキャッシュフロー

ロー計算書とバランスシートとの関係ですが、バランスシートの現金の増減の原因がわかるのがキャッシュフロー計算書です。

■■ 常にフリーキャッシュフローがプラスだった京セラ

　営業活動によるキャッシュフロー397億円（①）と投資活動によるキャッシュフロー△461億円（②）を合計した、つまり△64億円（397億円－461億円）を、フリーキャッシュフロー（FCF）といいます。フリーキャッシュフローの実績を求める場合、この定義を使用します[44]。

　図1-10の「投資活動によるキャッシュフロー」の考え方のところに営業
CF（キャッシュフロー）とのバランスに注意が必要とありますが、京セラの
稲盛さんはこうおっしゃっています。「京セラという会社は、営業活動に
よって生み出されるキャッシュフローの範囲内で投資活動を行ってき
た[45]」。言いかえると、京セラという会社は①と②を合計したフリーキャ
ッシュフローが常にプラスを維持してきたとおっしゃっています。そんな
会社は普通はありません。この例に使った会社のようにフリーキャッシュ
フローがマイナスになることはあり得ることなのです。

■ フリーキャッシュフローが8期連続でマイナスの ソフトバンクG

　ただ、フリーキャッシュフ
ローが2期連続マイナスは危
険です。3期連続は限りなく
赤に近い黄色信号ですから注
意してください。なぜでしょ
う。**2期、3期とフリーキャ
ッシュフローがマイナスとい
うことは、投資したものが営
業活動に結び付いていないと**

フリーCFが連続マイナスとなったソフトバンクG

言えるからです。言いかえれば、営業活動に結び付くような投資ができて
いないということです。
　ちなみにソフトバンクグループのキャッシュフローを見てみましょう。
2020年3月期の営業活動によるキャッシュフロー（営業CF）は1兆1,179

[44] 企業価値評価や投資判断に使うフリーキャッシュフローは196ページで説明します。
[45] 『稲盛和夫の実学―経営と会計』（稲盛和夫著、日経ビジネス人文庫）

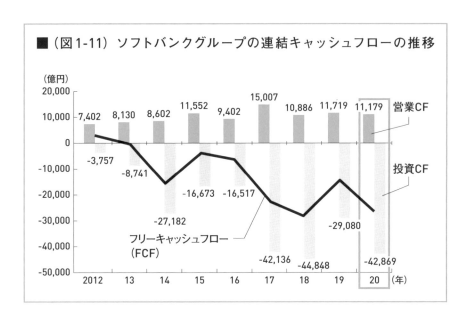

■（図1-11）ソフトバンクグループの連結キャッシュフローの推移

（億円）

7,402　8,130　8,602　11,552　9,402　15,007　10,886　11,719　11,179　営業CF

投資CF

-3,757
-8,741
-27,182
-16,673　-16,517
フリーキャッシュフロー
（FCF）
-42,136　-44,848
-29,080
-42,869

2012　13　14　15　16　17　18　19　20　（年）

億円です。これに対して、投資活動によるキャッシュフロー（投資CF）は
ほぼ4倍の△4兆2,869億円です。フリーキャッシュフロー（営業CF＋投資
CF）は、なんと8期連続マイナスになっています。投資したものが営業活
動に結びついていない期間が8年も続いています。この投資活動が設備投
資だったら、えらいことです。企業に投資をしている戦略的持株会社であ
るソフトバンクグループの孫さんはこう言うかもしれません。「投資した
企業は、確実に価値を創造している。いつでも売却してキャッシュに変え
ることができる」。

　フリーキャッシュフローが8期連続マイナスというのはどういうことか
というと、資金調達（財務活動によるキャッシュフローでプラス）しなければ、
手元現金が、どんどん減っていくことを意味します。孫さんが今まで資金
調達できたからこそ、フリーキャッシュフローがマイナスという状態が長
らく成り立っていたのです。ソフトバンクグループは、2020年3月に自社
株買いと負債削減のための計4.5兆円の資産売却計画を発表しました。バ

ランスシートのスリム化によってソフトバンクグループは筋肉質になれるのか。それは、今までバランスシート拡大に邁進してきた孫社長がどこまで我慢できるかにかかっていると言えます[46]。

企業には4つのステージがある

　企業のキャッシュフローは企業がライフサイクルにおいてどのステージに位置するかによって大きく変わってきます。

　ライフサイクルは4つの事業ステージに分かれています。①導入期、②成長期、③成熟期、④衰退期です（図1-12）。企業の業績というのは、導入

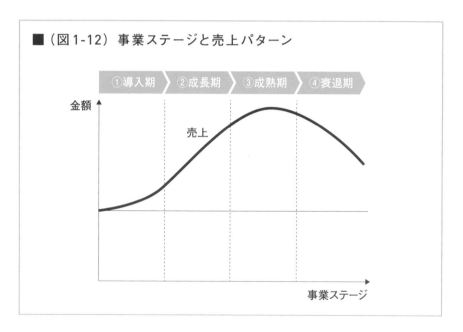

■（図1-12）事業ステージと売上パターン

①導入期　②成長期　③成熟期　④衰退期

金額

売上

事業ステージ

---

[46] 2020年9月の決算説明会（2021年3月期1Q）では、Tモバイル、アリババ、ソフトバンクの株式売却ですでに4.3兆円を資金化したと発表しています。半年足らずで計画の95％を達成です。さらにARM社の売却を決めましたから、驚くべきスピードです。さすが孫さんです。

期から成長期、成熟期、衰退期へと変化していくにつれて、S字カーブを描くとされています。キャッシュフロー計算書を見るときには、その企業がどのステージにあるかも同時に意識してください。

このS字カーブを描くのは、何も会社だけではありません。製品、商品、サービスもそうです。また、人間の一生を表しているとも言えます。ちなみにAmazonのジェフ・ベゾスCEOは社内会議で「いつかはAmazonは倒産する」と発言しています。そして、「倒産をできるだけ先延ばしするためには、自分たちのことを心配するのではなく、顧客のことを常に考えることが大切だ」としています。Amazonの成長が止まる時、それは顧客の期待に応えられなくなった時です。ベゾスCEOの経営思想の根幹には、"Grow or Die"（成長なくば死）があるような気がしてなりません。

■ 事業ステージごとのキャッシュフローの変化

話をもとに戻しましょう。図1-13は、この4つの事業ステージの変化に伴って、キャッシュフロー計算書の3つのキャッシュフローがどういう動きをするかを表したものです。＋（プラス）は会社の金庫にお金が入ってくること、－（マイナス）はお金が出ていくことを表します。よろしいでしょうか。

企業が産声を上げたばかりの導入期では、お客様も十分にはいないかもしれません。営業活動も収入よりも支出の方が多い状況です。したがって、営業CFはマイナスになっています。未来投資はしていかなくてはいけませんから、投資CFもマイナスです。その一方で、何らかの形で資金調達する必要がありますから、財務CFはプラスになっています。

成長期には売上も伸び、営業CFはプラスに転じました。その分、事業活動に必要な資金は自己資金で賄うことができますから、財務CFも減少しています。

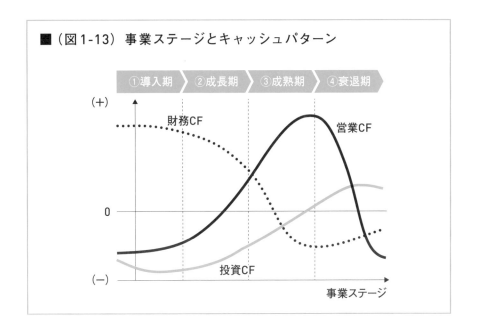

■（図1-13）事業ステージとキャッシュパターン

成熟期で営業CFがピークに来ました。

　衰退期では営業CFは下降の一途をたどります。投資CFがプラスに転じ、財務CFはマイナスに転じました。これは資産を切り売りして現金に換え（投資CFプラス）、その現金で借金を返済していること（財務CFマイナス）を表しています。

■ キャッシュパターンにおける2つのポイント

　いろいろ言いましたが、この図で皆さんにお伝えしたいことは2つだけです。1つは、営業CFがマイナスの場合は非常にまずいと言いました。実は、ただし書きがあったのです。**企業の事業ステージが導入期の場合は、営業CFがマイナスということもあり得る**ということです。これがお伝えしたいことの1つ目です。

もう一度、図1-13をご覧ください。導入期、成長期では、財務CFがプラスですよね。つまりこれは、会社の金庫にお金が入ってくるということです。**企業が成長するためには、お金が必要である**ことが、言いたいことの2つ目です。企業が成長するにはお金が必要なのは当たり前じゃないかと思った方もいらっしゃいますよね。ところが世の中、当たり前ではない方がいらっしゃいます。

■■■ 配当しないことは株主軽視なのか？

スティーブ・ジョブズ

ビル・ゲイツ

　以前、配当を出さない会社を取り上げて、株主軽視もはなはだしいと批判する記事がありました。配当を出さないなんて株主を軽視しているというわけです。ところが、Appleという会社は、スティーブ・ジョブズがCEOだった17年間、配当を一切出していません。Microsoftは、1975年に創業し、2003年まで28年間、配当を出していません。

　Amazonは1997年に上場しましたが、今までの23年間配当を払っていません。これら、スティーブ・ジョブズ、ビル・ゲイツ、そしてジェフ・ベゾスに対して、株主が「配当を出さないとは、ばかにするにも程がある」と言った

というのは聞いたことがありません。皆さん、おわかりですよね。なぜ株主が黙っているのか。求めているのは配当だけではないのです。**株主が求めているのは、配当と成長です。**

　ちなみにAmazonは上場から23年間で株価が何倍になったと思いますか。約1,300倍[47]です。皆さんが上場時にAmazonに100万円出資していたら、今や13億円になっています。そんなジェフ・ベゾスCEOに対して配当をよこせとは言わないわけです。むしろ、配当をもらってしまうと、税金を払わなくてはいけません。配当などももらわずにそのままジェフ・ベゾスに預けておいた方がいいと考える株主は多いでしょう。

■■ 成長と配当はトレードオフ

　面白いことが起きました。Microsoftが2003年1月に上場以来初めて配当を出すと発表すると、アメリカでは大騒ぎになりました。お祭り騒ぎではないですよ。株価は約5％下がったのです。なぜ下がったのでしょうか。Microsoftの事業ステージが成熟期になったのではないかと株式市場から受け取られたわけです。配当は、会社の金庫からお金が社外に流出していくことです。成長にはお金が必要といいました。にもかかわらず、Microsoftは外にお金を出し始めました。**もうMicrosoftは成長するための投資機会がなくなったから、会社の金庫からお金を出し始めたのではないか**と受け取られたのです。おわかりいただけたでしょうか。

　つまり、極端な話、成長と配当はトレードオフの関係にあります。どちらもというわけにはいきません。ところがどうでしょう。多くの上場会社の中期経営計画を見てください。判で押したように、同じことが書かれています。

---

[47] 本書を執筆している2020年10月現在です。

「既存事業での最高益達成に加え、株主還元を強化していきます。さらに戦略的M&A投資で成長力と収益力強化を加速していきます[48]。」

　これからも株主還元は一層推し進めていきます。それと同時に成長もしていきますということですよね。

　成長なのか、それとも配当なのか、どちらなのでしょうか。これが全くわかりません。繰り返しになりますが、**成長と配当はトレードオフの関係にあります。**

■ 日本の上場企業の多くは成熟期にいる

　今、日本の上場会社の6割が実質無借金会社です。実質無借金会社とは、手元現金を差し引いた後の借金がゼロの会社です。言いかえれば、キャッシュリッチな会社が多いということでしょう。

　ここからは私の仮説です。**日本の多くの上場企業の事業ステージは成熟期なのではないでしょうか。**成熟期とは、季節で言えば、秋ですね。秋というのはどんな季節でしょうか。春（導入期）に種をまき、夏（成長期）に育ったものを刈り取る時期です。実りの秋、収穫の秋です。だから、どんどん手元現金がたまっていきます。キャッシュリッチの会社の経営者はコロナ禍では、手元に現金があってよかったとなっていますが、それでは困るわけです。キャッシュリッチなのは成長する事業への投資ができていなかったからかもしれません。私の知り合いの上場会社の経営者はこう言いました。「**成長ストーリーを描けない人は社長になってはいけない**」。もし、社長である自分がもはやストーリーが描けないのであれば、後進に道を譲るべきでしょう。

[48] 某有名上場企業の中期経営計画から引用したものです。

■■ ボーイング社の行き過ぎた株主還元の末路

　2020年4月現在、世界最大
の航空機メーカーであるボー
イングは米国政府などに総額
600億ドルの支援を求めてい
るといいます。ボーイングは
主力の小型旅客機「737MAX」
が相次いで墜落事故を起こ
し、運航停止に追い込まれま
した。さらにここに来て新型

ボーイング社

コロナウイルスの感染拡大の影響もあり、米国政府に泣きついたというわ
けです。

　ボーイングの2019年12月期の売上高は766億ドル（約8兆2,728億円）と前
期比24％の減少となっています（図1-14）。営業利益は赤字ですが、償却前
営業利益（EBITDA）は何とか黒字を維持しています。ただ、償却前営業利
益も7億3,400万ドル（約793億円）と前期比95％もの大幅な減少となってい
ます。売上高EBITDA率はなんと1％です。さらに2019年12月期に86億
ドル（約9,288億円）もの債務超過に転落しました。

　ボーイングのキャッシュフローを見てみましょう（図1-15）。ボーイング
の資金繰りの厳しさがうかがえます。フリーキャッシュフロー（営業CF＋
投資CF）だけでなく、営業CFも24億4,600万ドル（約2,641億円）のマイナ
スになっているのです。驚くのは、このような状況にもかかわらず、
2019年12月期にボーイングは、70億ドル（約7,560億円）の自社株買いと28
億ドル（約3,024億円）の配当を行っているのです。これは明らかに行き過
ぎた株主還元です。

　ボーイングは、なぜ、債務超過に転落するまで株主還元を進めたのでし

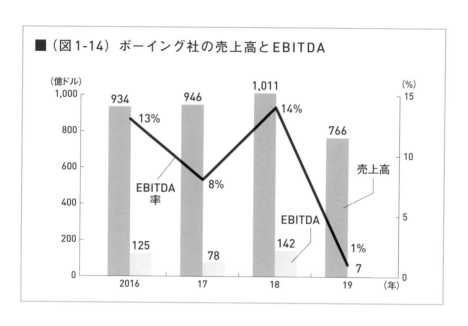

■（図1-14）ボーイング社の売上高とEBITDA

（億ドル）
売上高：934（2016）、946（17）、1,011（18）、766（19）
EBITDA：125（2016）、78（17）、142（18）、7（19）
EBITDA率：13%（2016）、8%（17）、14%（18）、1%（19）

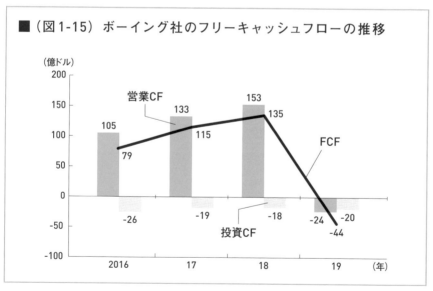

■（図1-15）ボーイング社のフリーキャッシュフローの推移

（億ドル）
営業CF：105（2016）、133（17）、153（18）
投資CF：-26（2016）、-19（17）、-18（18）、-24（19）
FCF：79（2016）、115（17）、135（18）、-44（19）、-20

ょうか。それは、株価上昇に連動して経営陣の報酬が上がる仕組みを取り入れていることも一因でしょう。健全な財務体質を犠牲にしてまで株主還元を推し進め、経営危機に陥ったら、政府に泣きつく。こんなことは本来であれば、許されるはずもありません。ボーイングの苦境は行き過ぎた株主重視の経営のあり方、ひいては米国型資本主義の終焉を予感させます。

■■ コーポレートガバナンスとは、社長の暴走と逃走を防ぐ仕組み

　私が尊敬しているエーザイのCFOの柳良平さんは、早稲田大学のファイナンスの先生でもあります。その柳さんが、外国人投資家に調査したところ、「日本の上場会社の手元現金を50%ディスカウントしている[49]」という結果が出ました。

　例えば、皆さんの会社に100億円の現金があっても、その半分の50億円分しか企業価値として評価してくれないのです。なぜでしょうか。**日本企業はコーポレートガバナンスが確立されていない**ことがその理由のようです。

　コーポレートガバナンスは、ファイナンスを学ぶ皆さんにも重要なキーワードです。辞書で調べると「企業統治」ですが、それでは本質はわかりません。**コーポレートガバナンスの本質は、社長の暴走と逃走を防ぐ仕組み[50]です。**

　日本企業は、この社長の暴走と逃走を防ぐ仕組みが確立されていません。だから、手元現金を何に使われるかわかったものではないと考えられ

[49]『ROEを超える企業価値創造』（柳良平・広木隆・井出真吾著、日本経済新聞出版）
[50]私の元上司でもある松田さんが、『これならわかるコーポレートガバナンスの教科書』（松田千恵子、日経BP）という本の中で定義されています。この意味では、日産自動車もコーポレートガバナンスが確立されていませんでした。ゴーンさんの暴走だけでなく、逃走も許したのですから。

ているのです。これを柳さんは「ガバナンスディスカウント」と言っています。ガバナンスが確立されていないから、日本企業は手元にある現金をディスカウントされてしまう。

　皆さんは、取締役にはどんなイメージをお持ちでしょうか。役員とかエライ人みたいなイメージですね。**取締役というのは、本来は社長を取り締まるのがその役目なんです。**日本ではどうでしょうか。むしろ、取り締まられ役でしょう？　なぜならば、社長の部下なのですから。日本の場合、業務を執行する人とそれを監督する人（取締役）が明確に分かれていません。CEO（Chief Executive Officer）は最高経営責任者と訳されますがOfficer（執行者）です。これに対して、取締役はDirector（監督者）と明確に分かれています。米国の場合、「執行」と「監督」の機能は明確です。米国企業のガバナンスがきっちりしているかはともかく、少なくとも取締役会の過半数が独立社外取締役という決まりになっています。日本の場合、取締役会の議長も社長という企業も多く、社長の暴走と逃走を防ぎ切れないのです。

Lesson

2

企業の運用利回りを
理解する
─投下資本利益率と資本コスト

■■ ファイナンスは3つの意思決定に役立つ

　まずはファイナンスの役割についてお話ししましょう。私はファイナンスを3つの意思決定に役立つ道具と考えています。まずは、**①投資をするか否かの意思決定**です。

　次に、投資をすると決まった場合は**②資金調達の意思決定**です。資金調達をどうするか。まずは自己資金で間に合うか、不足する場合は、外部から調達する必要があります。外部から調達する場合は、デット（Debt）なのか、エクイティ（Equity）なのかといった調達手段を決定する必要があります。**デットとは、銀行借入や社債などの有利子負債のことをいいます。エクイティとは、企業が新株を発行して調達する資金で、株主資本といい**

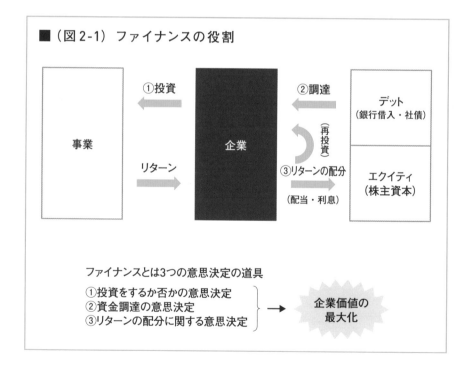

■（図2-1）ファイナンスの役割

事業

①投資

リターン

企業

②調達

（再投資）

③リターンの配分

（配当・利息）

デット
（銀行借入・社債）

エクイティ
（株主資本）

ファイナンスとは3つの意思決定の道具
①投資をするか否かの意思決定
②資金調達の意思決定
③リターンの配分に関する意思決定
→ 企業価値の
最大化

ます。

　そして次は、用意したお金を事業でぐるぐる回してリターンが返ってきます。利息は支払う必要がありますが、配当は、行わず、事業に再投資することも可能です。

　こうした③**リターンの配分に関する意思決定**もファイナンスが扱います。これらのファイナンスが扱う意思決定の目的は企業価値の最大化です。

■■ 企業価値の最大化は最終目的ではない

　ただ、企業価値の最大化は最終目的ではなく、事業継続のための手段です。事業継続のためには、未来投資が必要です。自己資金や借金では足りず、株式で資金調達することもあるでしょう。株主から出資してもらった100万円を平気で80万円、90万円にするような会社には株主は出資してくれません。つまり、資金調達をするために企業価値を高めるような経営をしておく必要があるのです。

　実は、事業の継続も目的ではなく手段です。**事業の継続の目的は、企業の存在意義を確立し、使命（ミッション）・ビジョンを実現するためです**[1]。平たく言えば、世の中の問題解決に役に立つためです。企業価値を高める経営というのは、最終的には企業が世の中に価値を提供し、世の中の役に立つために必要だということです。私はこんなふうに考えています[2]。

---

[1] アインシュタインはかつて学生から人生の意味を聞かれ、こう答えたそうです。「誰かのためになるために人は生きているに決まっているじゃないですか！」
　ファーストリテイリングの柳井さんは、『経営者になるためのノート』（柳井正著、PHP研究所）でこう言っています。「会社にとって儲けることは重要なことですが、それ自体は手段にすぎません。会社の最終目的は、『人間を幸せにするために存在している』という使命の実現にあるべきなのです」。

[2] 実はこんなふうに考え始めたのは、ほんの7～8年前のことです。それまで、企業価値を高める目的なんて考えたこともありませんでした。完全に思考停止です。

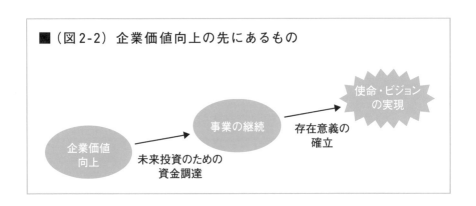

■（図2-2）企業価値向上の先にあるもの

使命・ビジョン
の実現

事業の継続

存在意義の
確立

企業価値
向上

未来投資のための
資金調達

■■■ ステークホルダーと企業との関係

「企業とは誰のものか」という議論はするものの、「企業とは何か」という議論をする人はそう多くはありません。「企業とは何か」。経済学や法律上の企業の定義はともかく、ファイナンスで扱う企業とは、「仕組み」であると考えています。

　企業を取り巻く利害関係者のことをステークホルダーといいます。図2-3にあるように、顧客、仕入先、従業員、銀行などの債権者、国・地方公共団体や株主などがステークホルダーです。企業とステークホルダーは価値と価値との交換を行っていると言えます。例えば、企業は顧客に製品や商品やサービスなどの価値提供を行い、その対価として顧客は代金を支払う。これが会計の世界では「売上」となります。仕入先からは原材料、商品や部品などの価値提供を受け、企業はその対価として代金を支払う。これが「売上原価」です。従業員の皆さんは労働力や時間などの人的資本を提供し、その対価として企業は賃金を支払っている。これが一般管理費の中の「人件費」です。銀行などの債権者は融資（資金提供）という価値提供をし、その対価として企業は利息を支払う。これが営業外費用の中の「支払利息」です。国・地方公共団体は公共サービスという価値提供をし、

企業はその対価として「税金」を支払い、株主は出資（資金提供）という価値提供をし、企業はその対価として「配当や成長」という形で報いるわけです。

　このように**企業と各ステークホルダーは価値の交換を行っており、企業とは各ステークホルダーの便益（価値）を増やしていく仕組み**と私は考えています。

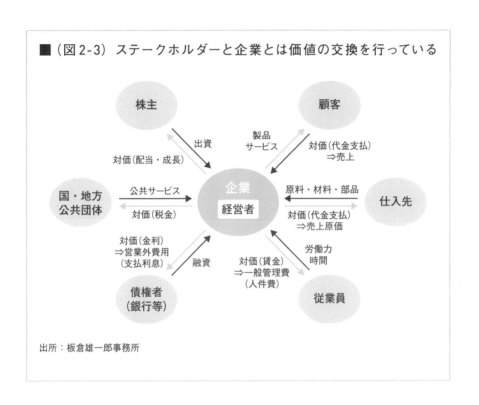

■（図2-3）ステークホルダーと企業とは価値の交換を行っている

出所：板倉雄一郎事務所

企業価値は誰にとっての価値なのか？

　ファイナンスにおける企業価値というのは、誰にとっての価値を高める

経営なのでしょうか。答えは資金提供者です。**債権者と株主にとっての価値を高めることが求められているのです。**

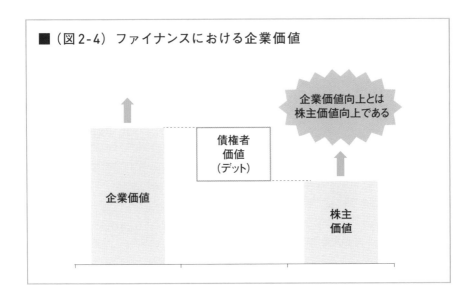

■（図2-4）ファイナンスにおける企業価値

企業価値向上とは株主価値向上である

企業価値

債権者価値（デット）

株主価値

　企業価値は債権者にとっての価値と株主にとっての価値に分けられます。つまり、次のような関係になります。

企業価値＝債権者価値（デット）＋株主価値

　そうはいっても、実は、債権者にとっての価値は、増やすことはできません。なぜなら、資金調達時に決めた返済金額と支払利息以上に企業は債権者に返すことはできませんし、返す必要はないからです。企業価値を増やすことは、株主価値を増やすことであると覚えてください。多くの会社の経営者は企業価値経営といいます。株主価値経営と言わないのは、わかっていないか、誤解されるのがイヤだからでしょう。**企業価値経営は、株**

主価値経営です。経営者に求められていることは株主にとっての価値を増やすことです。

　では、株主だけがハッピーになる世界を目指せということなのでしょうか。そんなことを言っているのではありません。

■■■ 流しそうめん理論とは

　損益計算書における売上をそうめんだと思ってください。皆さんがお客さまに価値提供し、その対価として頂くのが売上です。売上という名のそうめんが上から流れてくるとします。最初に食べるのは誰ですか。仕入先、取引先が食べます。その後、従業員が食べ、取引先が食べ、債権者が利息という名のそうめんを食べ、国・地方公共団体が税金という名のそうめんを食べ、最後に残ったそうめんを食べる存在、これが株主です。株主というのは、そうめんを食べるのが最後です。たくさん流れてくることもあれば、全く流れてこないことも起こり得る存在、これが株主なのです。

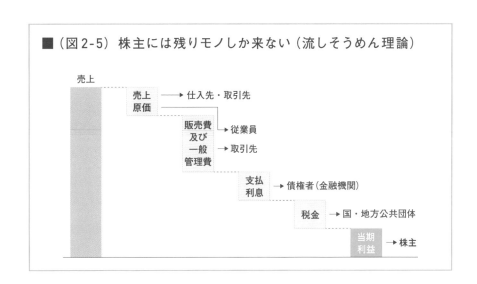

■（図2-5）株主には残りモノしか来ない（流しそうめん理論）

■■■ 株主と経営者の関係

ビジネスパーソンでもあまり考えたことがないのが、株主と経営者の関係でしょう[3]。法律的に言えば、企業のオーナー（所有者）は株主です。私の会社もそうですが、中小企業はオーナー（所有者）である株主と経営者が同じです。オーナー企業といいますね。企業規模が大きくなり、多額の資金が必要になってくると株主も多くなってきます。さらに上場企業となれば、なおさら、株主は社長の知り合いばかりではなくなってきます。

上場企業になっても、そのまま、創業社長として経営している方もいらっしゃいます。日本電産の永守さんやソフトバンクグループの孫さん、それにファーストリテイリングの柳井さん[4]が有名です。上場企業の中には、創業社長から代替わりして社内の人間が経営者になっている会社も多くあります。所有と経営が一致している、いわゆるオーナー企業の場合は、所有者である株主と経営者の利害は一致します。

ところが、多くの上場企業の場合は所有と経営が一致していません。このとき、株主は経営者に経営という業務を委託していることになります。一方、**経営者は、業務を受託していることになる**のです。株主は経営のプロではありません。したがって、経営のプロである経営者に業務委託し、株主の代わりに経営という業務を受託しているのが経営者です。よろしいでしょうか。

このことを多くの上場企業の社長（除く創業社長）はわかっていないようです。株主総会で社長が、「わが社の業績を説明します」と言い始めるのは日本だけです。諸外国では「Your company」です。「あなたの会社の業績を説明します」と始めるわけです。

---

[3] 私もサラリーマン時代は全く興味がありませんでした。
[4] 正確に言うと、柳井さんは父親から小郡商事（紳士服）を引き継ぎましたが、ファーストリテイリングの創業者は柳井さんです。

86

　そして、先ほど出てきたエーザイCFOの柳さんから聞いたお話です。柳さんは、エーザイに入社する前は投資銀行にいました。ある上場会社の社長と世界中の投資家巡りをした時のことです。

　ある株主がその社長にこう質問しました。「3月末のキャッシュはどれぐらいを見込んでいるのか」。その社長が「Our cash on the balance sheet is ...」と答え始めたところ、その株主はすかさず、「No, it's not your cash, but Our cash」と言ったそうです。その株主は冗談ではなく、真顔で言ったのです。経営者の方は、自分の会社だという意識が思わず出てしまったのでしょう。もちろん、愛社精神から出た言葉であればいいのですが、それがいつしか、「俺の会社なんだから、俺の好きにしていいだろう。汗水たらさずに口だけ出す株主が何を言うんだ」という考えになってしまっては困ります。上場企業は、オーナー企業と違います。パブリックカンパニーなのですから、俺の会社というのでは困るわけです[5]。

■■■ 社長の仕事は、適正なそうめんの分配

　流しそうめんの話に戻りましょう。あるとき、株主が、自分の食べるそうめんが少ないと社長に文句を言っています。物わかりのいい？社長は、すぐに仕入先・取引先あるいは従業員の皆さんの食べるそうめんを減らしたとします。そうなれば、結果的に株主が食べるそうめんは増えます。けれど、それで「めでたしめでたし」とはならないですよね。

　そんな会社が継続するでしょうか？　仕入先・取引先あるいは従業員の皆さんが、自分の価値提供に見合ったそうめんが食べられないとなれば、どうするでしょう。皆さんはそんな会社と付き合い続けますか。付き合わないでしょう。

[5] 株主の言いなりになれと言っているのではありません。少なくとも、上場企業の社長であれば、外国人投資家の思考回路を理解しておく必要があるだろうということです。

つまり、ステークホルダー間で、そうめんの分配に偏りがあったとしたら、そんな会社は続かないのです。

ファイナンスはあたかも株主だけがハッピーになる世界を目指しているかのように受け取る方もいらっしゃいますが、そういうことではありません。社長の仕事は、適正なそうめんの分配と言えます。それぞれのステークホルダーに適正なそうめんの分配をし、その結果として株主が食べるそうめんの量を中長期的に増やし続けていく経営が求められているのです。

■ アウトプットだけでは、投資の評価はできない

私は研修でよくこんな質問を皆さんにします。「あなたは、昨年1年間の株式投資で5,000万円のキャピタルゲイン（売却益）を獲得しました。あなたは儲かっていると言えるでしょうか」。わざわざ私が質問するくらいですから、多くの方は「儲かっているとは言えない」と答えるわけですが、儲かっているかどうか判断するのに皆さんだったらどんな情報が必要でしょうか。

今まで、「アウトプットだけでは何も言えない」ということを繰り返してきました。そうですね。インプットです。投資金額はいくらだったのか知る必要があります。それだけではありません。投資した金額の調達コストも勘案する必要があります。さらにベンチマークも必要です。

5,000万円投資して、1年後に株価は1億円に跳ね上がりました。その結果、5,000万円のキャピタルゲインを得た場合、利回りは100％です。

もし、5億円投資して1年後に5億5,000万円になり、差額の5,000万円のキャピタルゲインを獲得した場合、利回りは10％になってしまいます。皆さんが10％の利回りを獲得できたとしましょう。それだけでは儲かったとは言えません。この投資資金5億円を外から20％で調達してきたらどうでしょう。20％で資金調達して10％の利回りでは儲かったとは言えな

いですよね。

　つまり、利回りだけでなく調達コストも関係してくるわけです。では5％で調達して10％の利回りの場合は、儲かったと言えるのでしょうか。まだ儲かったとは言えません。その利回りがベンチマーク[6]と比べ優れていたのか確認する必要があります。株式運用の世界では、ベンチマークとしてTOPIX（東証株価指数）を用いるのが一般的です。例えばその年、1年間でTOPIXの利回りが30％だったのに、皆さんが投資した個別株式が10％の利回りでは、ファンドマネジャーだったら怒られてしまいます。

　まとめますと**アウトプットだけではなくインプット、インプットだけではなくて調達コスト、さらに利回りを基準となるものと比較しなくてはいけない**のです。

■■■ 利回り＝アウトプット÷インプット

　今、利回りと言いました。**実は、利回り＝リターン＝収益率です。その定義は、$\dfrac{\text{アウトプット}}{\text{インプット}}$ です。アウトプットは、インプットすることによる増し分です。**

■ 演習問題：あなたは、400円で購入したX社の株式を1年後600円で売却しました。あなたの投資利回りはいくらでしょうか

$$\text{利回り（＝リターン＝収益率）} = \frac{\text{アウトプット}}{\text{インプット}} = \frac{(600-400)}{400} \times 100 = 50\%$$

例えば400円で購入したX株式を1年後600円で売った場合の利回りは

---

[6]　運用の目標とする基準のことです。

どうですか。インプット400円、アウトプットは増し分ですから、差額の200円、50%のリターンということになるわけです。もちろん、残念ながら、1年後に200円になった場合は、増し分は△200円（＝200－400）ですから、利回りは、△50％となります。ファイナンスにおけるリターンには、すべてにおいて、この「何かを得るために何を使ったのか」という考え方が根底にあります[7]。実際にリターンを計算する場合には、「獲得したもの（アウトプット）を、その獲得のために使ったもの（インプット）で割る」のです。

■■■ リスクプレミアムとは何か？

　ファイナンスで、私たちが知っておかなければならない重要な概念は、それほど多くはありませんが、やはり、皆さんに覚えておいていただきたいのは、「ハイリスク・ハイリターンの原則」です。これは、「リスクが高いのであれば、高いリターンを要求すべき」ということです。

　ここで図2-6をご覧ください。横軸がリスクで縦軸が要求収益率になっています。この図に「リスクフリーレート」という言葉があります。リスクフリーとは、リスクなしという意味です。**国債に投資する場合、つまりリスクがない場合、投資家が要求する収益率をリスクフリーレートといいます。**

　次にこの図に「リスクプレミアム」という言葉があります。例えば、X社の社債に投資する場合は、国債と比べると債務不履行[8]となる可能性がありますから、リスクが高くなります。「ハイリスク・ハイリターンの原則」から国債に投資するよりも高いリターンを要求してくるはずです。さらにX

---

[7] ファイナンスを理解するためには、PL頭ではなくBS頭にならないといけないのは、こんなところにも理由があります。

[8] デフォルトともいいます。簡単に言うと借りたものを返済できなくなることです。

社の株式に投資する場合は、Ｘ社の社債に投資するよりもリスクは高くなります。そうなると、当然リターンに対する要求は高くなります。Ｘ社の社債や株式に投資した場合の、このリスクフリーレート以上に投資家が要求する部分を**リスクプレミアム**といいます。これはリスクのある資産に投資したことによって得られるリターンから、リスクフリーレートをマイナスしたもののことで、言ってみれば、**リスクをとることに対する報酬**と言えます。この図で言えば、Ｘ社の社債や株式に投資した投資家の要求収益率は、リスクフリーレートとリスクプレミアムの2つを足したものになります。

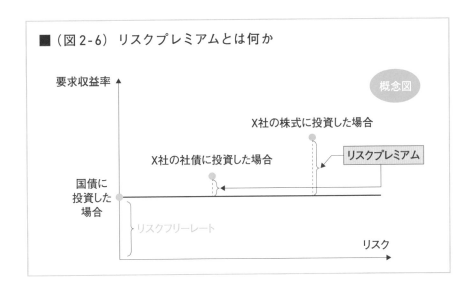

■（図2-6）リスクプレミアムとは何か

概念図

要求収益率

Ｘ社の株式に投資した場合

Ｘ社の社債に投資した場合

リスクプレミアム

国債に投資した場合

リスクフリーレート

リスク

同じ会社なのに「株式」と「社債」でリスクが異なる理由

　ところで、なぜ、Ｘ社の株式に投資するのとＸ社の社債に投資するのとで、同じ会社なのにリスクが異なるのでしょうか。

それは社債が金融機関からの借入と同じように、あらかじめ契約によって「利息」という名のそうめんの食べる量が決まっているからです。最終期日には、借入同様に元本は償還（＝返済）する必要があります。一方、株式の場合は、配当や成長（株価上昇）という名のそうめんを食べるのは最後ですし、そうめんの量をあらかじめ契約で決めることもありません。そう考えると**同じ会社でも株式と社債に投資するのとではリスクが異なる**ことがご理解いただけるのではないでしょうか。これを踏まえた上でもう一度、図2-6をご覧ください。社債より株式に投資する方が「ハイリスク・ハイリターン」であることがおわかりになるのではないでしょうか。

■■■ 負債コストの推定方法

　企業が銀行などの金融機関から借入したり、社債を発行して資金調達することをデットファイナンスといいます。 このとき、企業が負担するコストのことを**負債コスト**といいます。この負債コストは債権者の視点に立てば、資金提供の見返りとして要求する収益率になります。**負債コスト＝債権者の要求収益率です。** 先ほど述べたようにリスクフリーレートよりも高くなります。国債と異なり、社債の元本返済や利息の支払いが確実ではない信用リスクがあるからです。この上乗せ分をリスクプレミアムや信用スプレッドといいます。

負債コスト
　＝リスクフリーレート＋リスクプレミアム（信用スプレッド）

　この負債コストは、本来であれば、企業がこれから資金調達する場合のコストです。しかし、実務では簡便的に過去のデットの調達コストを負債コストの代用としています。具体的には1年間の支払利息を期首と期末の

デットの平均残高で割って計算します。ただし、この方法で求められた負債コストは現在の企業の信用リスクが反映されたものではないことに注意が必要です。

負債コスト＝支払利息÷デット（有利子負債）平均残高

その他、評価対象会社と同格付の水準にある企業が発行する社債利回りを参考にして負債コストを推定する方法があります[9]。

■■■ 株主資本コストの求め方

債権者が要求する収益率である負債コストに対して、株主が要求する収益率を**株主資本コスト**といいます。株主資本コストは、企業にとってはコストですが、株主にとっては要求収益率です。この企業に投資するからには、これだけの収益率を要求したいということです。

負債コストは、簡便的に支払利息の実績値を利用することができました。同じように株主資本コストは配当支払額の実績値を利用できないのでしょうか。残念ながら、できません。なぜなら株主は配当だけではなく、未来の成長（株価上昇益）も求めているからです。時間軸は過去ではなく、未来です。

株主資本コストの求め方には、いくつか方法がありますが、実務で最も使われているのが、**CAPM（Capital Asset Pricing Model：通称キャップエム）**です。なぜなら、これは非常にシンプルで使いやすいからです。しかし、シンプルであるがゆえに多くの前提を必要としています。そのため実際の市場からかけ離れた部分があります。ちなみにCAPM（キャップエム）を考

---

[9] 詳しくは、『コーポレートファイナンス　戦略と実践』（田中慎一、保田隆明著、ダイヤモンド社）をお読み下さい。

えた米国のウィリアム・F・シャープはこの業績を評価されて、1990年に
ノーベル経済学賞を受賞しています。

では、まず株主資本コストを求める計算式からです。

株主資本コスト＝
リスクフリーレート＋β（ベータ）×マーケットリスクプレミアム[10]

負債コストと同じようにリスクフリーレートに、リスクをとることに対
する報酬であるリスクプレミアムが上乗せされています。CAPM（キャッ
プエム）はこのリスクプレミアムを「β（ベータ）×マーケットリスクプレ
ミアム」で計算できることを示しているのです。β（ベータ）は、株式市場
全体の変動に対して、その会社の株式がどれだけ連動するかを表した数字
です（後ほど説明します）。理論的背景など知らずにこの計算式を暗記して
いる金融機関の方々はいくらでもいると思います。

次にCAPM（キャップエム）の計算式を構成する3つの要素（リスクフリー
レート、マーケットリスクプレミアム、β）をご説明しましょう。

■ 実務で使われるリスクフリーレートとは

繰り返しになりますが、リスクフリーレートは、国債などの安全資産に
投資をする場合に投資家が要求する収益率のことです。日本ではリスクフ
リーレートは、長期国債10年物の利回りを使用するのが一般的です。米
国におけるリスクフリーレートとして様々な教科書が残存期間10年の国
債利回りを薦めているからです。この理論的な背景には、流動性が高いた

---

[10] 株式リスクプレミアム（Equity Risk Premium）ともいいます。

めに利回りの信頼性が高いこと、企業が将来生みだすフリーキャッシュフローのデュレーションと呼ばれる平均期間が10年に近いことがあります。

　ただ日本では、日本銀行が金利操作を行っており、金利がゼロ近辺にコントロールされています。こうした状況が遠い将来まで続くとは考えられないことから、早稲田大学ビジネススクールの鈴木一功先生は、残存期間20年の国債利回りを使うことを推奨されています[11]。図2-7は、IR協議会

■（図2-7）日本企業のリスクフリーレートと　マーケットリスクプレミアム

【IR協議会調査】	2014年	2016年	2018年	2020年
調査開始月	2014/1	2016/1	2018/1	2020/1
資本コストの計算根拠を有する企業	408	231	289	197
CAPMに基づき計算している場合の前提				
リスクフリーレートの平均	1.39%	0.81%	0.52%	0.34%
マーケットリスクプレミアムの平均	4.94%	5.93%	5.93%	6.11%
ベータ値の平均	0.91	0.98	0.92	1.05
平均想定資本コスト	5.70%	6.21%	5.86%	5.91%
【Fernandez, Global Surveyの日本部分】	2014年	2016年	2018年	2020年
調査開始月	2014/5	2016/4	2018/3	2020/2
回答者数	—	58	57	43
リスクフリーレート（中央値）	—	—	0.4%	0.3%
マーケットリスクプレミアム（中央値）	5.0%	5.0%	6.0%	6.0%

出所：「企業のための資本コスト試算マニュアル ～CAPM編 ver.1.0～」許可を得て転載

---

[11]『企業価値評価』（鈴木一功著、ダイヤモンド社）

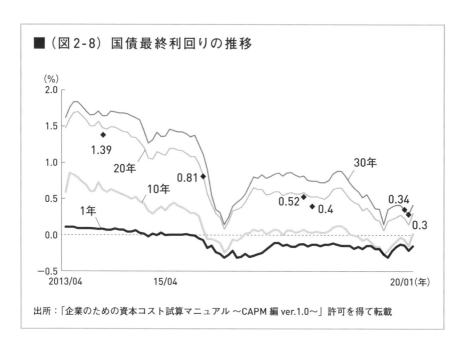

■（図2-8）国債最終利回りの推移

出所：「企業のための資本コスト試算マニュアル ～CAPM編 ver.1.0～」許可を得て転載

による実態調査とPablo Fernandez教授らによる調査の結果です。2020年では、リスクフリーレートの平均値が0.34％となっています。

図2-8は日本の1年、10年、20年、30年の国債利回りの推移に、図2-7のアンケート実施時期ごとの平均リスクフリーレートをプロットしたものです。これを見ても**実際に使用されているリスクフリーレートは、20年国債利回りに近いこと**がわかります。こうしたことを踏まえ、最近では20年国債の利回りを使用する場合もあることを知っておいてください。

■■■ マーケットリスクプレミアム

マーケットリスクプレミアムは投資家が株式市場全体（マーケット・ポートフォリオ）に投資する場合、リスクを取ることの報酬として、リスクフリーレートに対して追加的に要求する収益率です（図2-9）。たとえば、皆

さんがTOPIX（インデックスファンド）に投資したとします。その時、皆さんが要求する収益率はリスクフリーレートより高いはずです。なぜなら、それだけのリスクをとっているからです。このリスクをとっていることに対する報酬分（リスクプレミアム）をマーケットリスクプレミアムというわけです。したがって、**マーケットリスクプレミアムは、一定期間における TOPIXの平均利回りと同一期間の長期国債（10年物や20年物）の平均利回りの差**となります。

　このとき、マーケット・ポートフォリオとしてTOPIX（東証株価指数）を採用していることになります。例えば、米国ではTOPIXの代わりにS&P500が使われます。図2-7にあるアンケート結果をみると、マーケットリスクプレミアムは概ね6%です[12]。

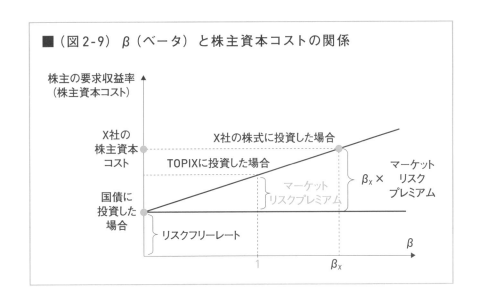

■（図2-9）β（ベータ）と株主資本コストの関係

[12]「企業のための資本コスト試算マニュアル」で明田雅昭氏は、6%を一般的な水準値としながらも、独自の分析を行い、6.9%を推奨値としています。ちなみに私は6%を使っています。

97

■ β（ベータ）の考え方

　企業の株式は、株式市場全体（TOPIX）の動きに影響を受けます。多く
の株式は、TOPIXが上昇すれば、上昇するし、下落すれば、下落するで
しょう。

　**株式市場全体（TOPIX）の値動きに対する個別株式の相対的な値動きを
表したものがβ（ベータ）**です。株式市場全体（TOPIX）と全く同じ値動き
をする株式のβ（ベータ）は1になります（図2-9）。また、株式市場全体
（TOPIX）が＋10％変動する場合に、＋20％変動している株式のベータは2
になります。

　β（ベータ）が大きくなればなるほど、株式市場全体に対して、ボラテ

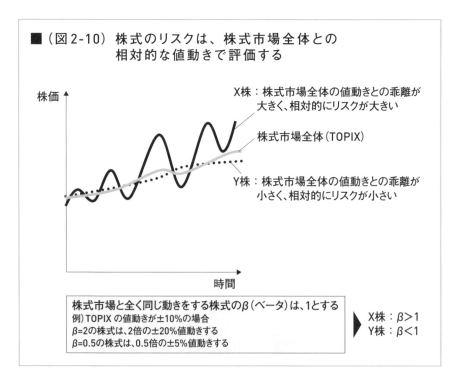

■（図2-10）株式のリスクは、株式市場全体との
　　　　　　相対的な値動きで評価する

株価

X株：株式市場全体の値動きとの乖離が
　　　大きく、相対的にリスクが大きい

株式市場全体（TOPIX）

Y株：株式市場全体の値動きとの乖離が
　　　小さく、相対的にリスクが小さい

時間

株式市場と全く同じ動きをする株式のβ（ベータ）は、1とする
例）TOPIXの値動きが±10％の場合
β=2の株式は、2倍の±20％値動きする
β=0.5の株式は、0.5倍の±5％値動きする

▶ X株：β＞1
　 Y株：β＜1

ィリティ（株価変動性）が高い（リスクが高い）ことになります。したがって、β（ベータ）が大きい株式に対して株主の要求収益率も高くなるわけです。

　β（ベータ）は過去のTOPIXと株価から自分で推定できますが、ロイターのホームページ（国内株式）から無料で引っ張ってくることもできます。

■ 負債と株主資本、調達コストが低いのはどちらか

　ここまで「負債コスト」と「株主資本コスト」についてお話ししてきました。**企業が債権者や株主に対して負担するこれらのコストを「資本コスト」といいます。この資本コストこそがファイナンスで最も重要な考え方のひとつです。**これを説明するために経営者の気持ちになって、私がこれからお話しすることを考えてみてください。皆さんは経営者として、これから100億円の資金調達をしなければいけません。デット、すなわち有利

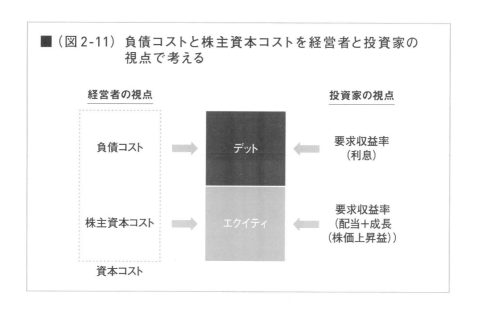

■（図2-11）負債コストと株主資本コストを経営者と投資家の
　　　　　　視点で考える

経営者の視点　　　　　　　　　　　　　　　　投資家の視点

負債コスト　→　デット　←　要求収益率（利息）

株主資本コスト　→　エクイティ　←　要求収益率（配当＋成長（株価上昇益））

資本コスト

子負債で調達するか。それともエクイティ、株主から調達するか。それぞれ負債コストと株主資本コストが発生します。どちらのコストが低くなるか考えてみてください。

　投資家である債権者や株主の立場からするとそれぞれのコストは要求収益率と言い方が変わります。資金提供の見返りとして債権者は「利息」を要求し、株主は「配当と成長（株価上昇益）」を要求します。さて、この見返りがもらえる／もらえない、のばらつきはどうでしょうか。また、そうめんを食べる順番はどうでしょうか。利息という名のそうめんの量は、契約で決まっています。さらに債権者は、株主より先に食べてしまいます。ところが、株主の場合、配当と成長は約束されているわけではありません。**配当と成長というそうめんは、食べられるのは最後で、ばらつきが大きくハイリスクなのです。したがって、株主はハイリスク・ハイリターンの原則から、ハイリターンを要求します。**株主の要求収益率の方が債権者より高いのです。つまり、**経営者にとっては、株主資本コストの方が負債コストよりも負担が大きい**ことになります。

■■■ 成長に対するコストって何？

　ここでこんな質問をされる方がいます。「投資家の期待リターンは配当と成長（株価上昇益）であることはわかります。企業からすると配当のコストはわかりやすいのですが、成長に対するコストはどのようなコストと考えればいいのでしょうか」

　実は、資本コストは、デットの利息や配当などの実際に企業が支払うコストを意味しません。**資本コストは資本の機会費用**[13]です。これは、企業にとっての機会費用ではありません。**資金提供者である債権者と株主にと**

---

[13] 機会費用については219ページでご説明します。

100

っての機会費用です。債権者も株主も、ある企業に融資や投資をするということは、他の企業で得られたであろう収益を失って投資をしているわけです。その分は最低でも取り返したいはずです。したがって相応の機会費用分を経営者は要求されていると考えなければいけないというわけです。おわかりいただけたでしょうか。

WACCの具体的な計算方法

　資本コストは負債コストと株主コストを加重平均して求めます。そのため、資本コストは、加重平均資本コストともいわれ、通常は英語の頭文字をとってWACC（ワックと発音）と表記します。

　加重平均とは、複数の要素のそれぞれに異なるウェイトをつけて計算された平均のことです。試しにWACC（ワック）を計算してみましょう（図2-12）。WACCのウェイトはデットの時価（簿価で代用）と株式時価総額の

■（図2-12）WACCを計算してみる（例）

● ウェイトは、デット（時価）と株式時価総額（＝株価×発行済株式数）の比率
● 負債コストは、節税効果を考慮して税引後で計算

比率です。WACCは、デットのウェイト（40%）と株式時価総額のウェイト（60%）にそれぞれ負債コスト2%と株主資本コスト10%を掛けて、その値を足すことで6.8%と計算できます。

　負債コストの前に税引後とあります。デットの場合、支払利息を費用計上できるので節税効果があるからです。デットの節税効果については次にご説明します。

　WACCの計算式は次の通りです。

WACC＝負債比率×税引後負債コスト＋株主資本比率×株主資本コスト

■■■ デット（有利子負債）には節税効果がある

　デットには節税効果があると言いました。例えば、銀行から3%の金利で借入をしていても、**支払利息が費用として計上できるので、法人税がその分安くなるのです。**したがって、企業が負担する金利は3%よりも低くなるというわけです。これが**デットの節税効果**です。

　具体的にみてみましょう。ここにデットの有無以外は、まったく同じ内容の会社U社とL社があるとしましょう。営業利益は、どちらの会社も50百万円です。U社はデットがない一方で、L社は100百万円を3%の金利で借入しています。業績はデットの有無の影響は受けず、法人税率は30%とします。このとき、損益計算書は、図2-13のようになります。ここで、U社とL社の当期純利益をご覧ください。L社は支払利息3百万円負担が多いのにもかかわらず、当期純利益は、2百万円しか減少していません。よくみると両社の法人税の支払額が違うのです。L社の支払利息3百万円によって、税引前営業利益が47百万円に減少しています。その結果、法人税がU社よりも1百万円低いのです。

■（図2-13）デットの節税効果とは

	U社（デットなし）	L社（デットあり）	（百万円）
営業利益	50	50	
支払利息（3%）	0	△3（＝100×3%）	
税引前営業利益	50	47	
法人税（30%）	△15	△14（＝47×30%）	
当期純利益	35	33	← 支払利息が3百万円増加したにもかかわらず当期純利益は2百万円しか減少していない
デット	0	100	

　ここまでの話をまとめましょう。デットの金利が3%ですから、本来ならば、当期純利益は3百万円少ないはずです。ところが、L社はU社よりも税金が1百万円少ないことから、当期純利益は2百万円しか減っていません。つまり、L社が実際に負担している負債コストは3%ではなく、3%×（1−30%）で、2.1%になっています。このデットの働きのことをデットの節税効果といいます。

$$税引後負債コスト＝負債コスト×（1−法人税率）$$

■ IRのミッションはWACCを下げること

　WACC（ワック）に話を戻しましょう。WACCは高いのがいいのか、低いのがいいのかといえば、やはり低いに越したことはありません。実は、上場会社には、このWACCを下げることをミッションにしている部署があります。どこでしょう？　答えは、IR（Investor Relations）です。IRは

「投資家向け広報」と訳されますが、これでは誤解を招きかねません。広報ではありません。投資家とリレーション、関係を築くのがIRの仕事です。そして、彼ら彼女たちのミッションはWACCを下げることです。ところが残念なことに、IRの担当者が、自分たちのミッションがWACCを下げることにあるのを理解していることはあまりありません。では、WACCを下げるにはどうしたらいいのでしょうか。**企業の業績がいい時も悪い時も、適切な情報を適切なタイミングで開示し続けるという誠実な姿勢で投資家とコミュニケーションをとることです。**こうして投資家のリスク認識を下げれば、投資家の要求収益率を下げることにつながります。投資家の要求収益率＝企業にとってのWACCです。投資家の企業に対するリスク認識を下げることはWACCを下げることだとご理解いただけたでしょうか。

　エーザイは11人のIRメンバーで年間700件の株主インタビューをこなしているそうです。なぜそこまでお金と時間をかけるのでしょうか？ CFOの柳さんは、**資本コストを下げるため**と言っています。株主、債権者の声をきっちりと聞くということです。もちろん、ROIC（投下資本利益率）[14]を上げていくことも大事ですが、それと同時にWACCを下げるということも大切なのです。

■■■ 企業にとってのアウトプットとインプットとは

　ここからは企業の運用成績、つまりリターンの計算方法についてご説明します。

　これには、何が企業にとってのアウトプットとインプットになるかを考える必要があります。**アウトプットは企業が1年間で稼ぎ出す税引後営業**

---

[14] 投下した資本に対してどれだけ税引後営業利益を稼ぐことができたかを示す指標です。詳細は後ほどご説明します。

利益です。次の計算式で求めることになります。

> 税引後営業利益＝営業利益－みなし法人税[15]（営業利益×法人税率）

　営業利益が企業の"本業で儲ける力"を表わしており、利益の中で最も重視されていることはすでに45ページでお話ししました。

　次にインプットは何ですかというと、調達サイドで言えば、デット（有利子負債）とエクイティ（株主資本）になります。合計したものを投下資本といいます（図2-14①）。運用サイドから言えば、運転資本＋固定資産・投資その他となります。これを投下資産と呼びます（図2-14②）。運転資本の定義[16]によりますが、基本的には投下資産＝投下資本です。

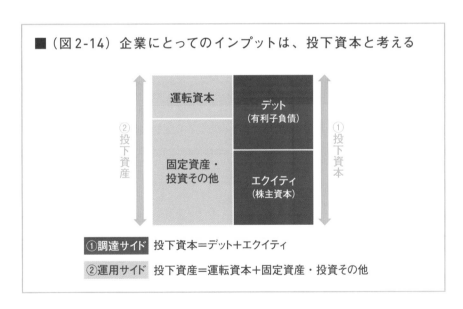

■（図2-14）企業にとってのインプットは、投下資本と考える

①調達サイド　投下資本＝デット＋エクイティ
②運用サイド　投下資産＝運転資本＋固定資産・投資その他

---

[15] 営業利益に直接課税されたとみなした場合の税金です。

[16] ここでは、運転資本を次のように定義します。「運転資本＝流動資産－流動負債（除く短期借入金）」このように定義すると投下資本（調達サイド）と投下資産（運用サイド）が基本的に一致します。

■■■ 投下資本を求める時に
　無利子負債を含めない理由

　ときどき、こんな質問をする方がいらっしゃいます。「なぜ、投下資本は、デット（有利子負債）だけで無利子負債（買掛金や未払金など）はいれないのでしょうか」。鋭い質問です。ここから、その理由を説明しますが、少々ややこしいお話になります。興味がない方は読み飛ばしていただいて問題ありません。

　例えば、皆さんの会社が商品を「掛け」で仕入れたとしましょう。実際に仕入代金を支払うまでは、会計上は、バランスシートの右側（調達サイド）に買掛金や支払手形という形で計上されるわけです。これらを無利子負債といいますが、会社にとって、本当に「無利子」なのでしょうか。

　逆の立場で考えてみましょう。皆さんがお客さまから、こう言われたらどうでしょう。「今までは月末で締めて翌月末には振込みしてましたが、今後は支払いをもう2ヵ月延ばさせてもらえませんか」。困りますね。なぜかといえば、現金回収が遅くなれば、それだけ資金繰りの負担が重くなるわけです。もしかしたら、銀行から借入をしなくてはいけないかもしれません。当然、借入するためのコスト（支払利息）が発生します。皆さんは、その利息を販売商品の価格に上乗せしたくなるのではないでしょうか。販売先との力関係もありますから、実際にできるできないは、ともかくとして、理屈で言えば、「無利子」負債を提供するからには、債権者（皆さんのことです）はそれ相応のリターンを要求するはずです。それは「利息」という形で目に見えるのではなく、商品の価格に上乗せされているかもしれないのです。

　それでは、もとの立場に戻ってくださいね。皆さんの会社のアウトプットである「税引後営業利益」は、計算する過程で、売上原価（正確に言え

ば、あなたの会社の仕入先が上乗せした利息分）が引かれてしまっているのです。分子（税引後営業利益）と分母の整合性をとるために分母の投下資本からは仕入先から資金提供された無利子負債部分をマイナスしておく必要があるというわけです。お疲れさまでした。ここで難しいお話は終わりです。

■■■ ROIC＞WACCを目指す必要がある

　図2-15にある通り、企業は右側からデット（有利子負債）とエクイティ（株主資本）で調達し、資産に投下（インプット）し、税引後営業利益というアウトプットを稼ぎます。この時の収益率を投下資本利益率（ROIC：Return On Invested Capital「ロイックと発音」）といいます。これによって、事業活動のために投下した資本に対して、どれだけのアウトプットを得ることができたかという企業にとってのリターン（＝利回り＝収益率）を求められます。

　そして**経営者はWACC（ワック）より高いROIC（ロイック）を稼いで初め**

■（図2-15）経営者が常に目指すべきはROIC＞WACC

ROIC＝投下資本利益率
　　＝$\dfrac{税引後営業利益}{デット＋エクイティ（投下資本）}$

投下資産

デット（有利子負債）

エクイティ（株主資本）

デットのコスト（負債コスト）

WACC＝加重平均資本コスト

エクイティのコスト（株主資本コスト）

て企業価値を創造できるのです。

　繰り返しになりますが、経営共創基盤の冨山さんが、「日本の上場会社の経営者の8割から9割が資本コスト（WACC）の概念が分かっていない」と指摘しています。これは驚くべきことです。**自分の会社の資本コスト（WACC）がわかっていないということは、自分がきっちり企業価値を高める経営ができているかどうかに関心がないことを意味する**からです。ROICを高めるためには、分子の税引後営業利益を増やすべきです。ところが、分母の投下資本を減らすことによってROICを高めようという組織の力学が働く時があります。オムロンでは、ROICは高ければ高いほどいいのではないという課題認識のもと、事業別にROICのレンジを設定しています。こうすることで、投資を抑制し、縮小均衡に陥るのを防いでいるのです。

■■ EVA[17]は企業価値の増加額を測る指標

　ROICとWACCとの差をEVAスプレッドといいます。経営者の使命は、このEVAスプレッドをプラスにする、そしてさらに拡大することにあるといえます。ちなみにこのEVAスプレッドに投下資本（デット＋エクイティ）を掛けることによってEVA（Economic Value Added）を計算することができます。

$$EVA = (ROIC - WACC) \times 投下資本$$

　EVAは、単年度でどれだけの企業価値が増加したかを表す指標です。EVAスプレッドがマイナスだと、いくら資本を投下しても意味がありま

---

[17] EVAはスターンスチュアートの商標登録です。

せん。むしろ、資本を投下すればするほど、企業価値を毀損することにつながってしまいます。EVAは式を変形すれば、次のようにも計算することができます。

$$EVA = 税引後営業利益 - 投下資本 \times WACC$$

WACCは通常、「率」で表すことが多いのですが、投下資本にWACC（率）をかけると資本コスト額になります。つまり、以下の式のように表現できます。

$$EVA = 税引後営業利益 - 資本コスト額$$

利益からコストをマイナスして求めたものをEVAと言わず、「価値利益」なんて言葉にかえれば、PL頭のPL社長でも理解してくれるのではないでしょうか。

■■ 花王のEVA経営

BS頭のお話でご紹介したオムロンはROIC経営で有名です。また、EVAを経営指標として20年以上使い続けている花王もまた、企業価値

経営を実践しているという意味で有名な企業です。花王はかつて日本経済新聞社主催の企業価値評価大賞に選ばれており、そのときの花王の澤田社長のインタビューが非常に示唆に富んでいるのでご紹介しましょう。

なぜEVAなのか?

　当社が取り組んでいることの本質は2つあります。1つは投下資本に対していかに高い利益を出すか。これは上手に資本を使って効率的に利益を生み出す経営をしようという視点です。

　もう1つは投下資本×資本コスト率、いわゆる借り入れの利率や株主期待収益率を加重平均したWACCの考え方ですが、これは株主からの期待値のようなものです。これを重視する株主視点を忘れてはならないということです。

　その2つが合わさったものがEVAであると理解しています。**単に効率的な経営をするだけでなく、株主の期待に沿ってそれを上回る利益を上げましょう、その利益で社会に、株主に、従業員に還元していきましょう、という願いがこもった指標がEVAなのです。**

EVAをどのように活用しているか?

　EVAをいかに有効活用するかで経営が大きく変わってくるため、**経営陣を含めて従業員全体が理解していくことが重要です。**日本企業の中では早い段階でEVAを採用し、2000年に子会社にも広げてから（EVAを使った経営が）本格的にスタートしました。それが「ステップ1」です。当時は色々な角度で、EVAが経営にどのような役割を果たすのか、どんなメリットがあるのか確認しながら進めていきました。社内で浸透するように研修会などもやりました。私も勉強しました。「なかなかわかりにくいな」という印象でした。**バランスシートを含めて総合的に語ろうとすると、資産、負債、資本を正しく理解することが欠かせません。従業員に広く理解されたわけではなく、まずは我々マネジメント層がEVAの考えを理解し、経営に生かしていくこ**

とが先だと感じました。**マネジメントでは設備投資や事業の撤退基準などについて、判断基準の1つとしてEVAを活用してきました。**

（EVAの従業員への浸透は）何度もやらないとダメですね。08年の米リーマン・ショック後の景気後退などの影響で、いったん下火になりましたが、12年に私が社長に就任した時にもう一度、EVA経営を強化しようと考えました。現在のステージは「ステップ2」です。これは**持てる技術や製造設備、人的資産といったあらゆる経営資源を有効活用した効率的な経営と、株主を意識した経営を従業員まで浸透させていくのが狙いです。**それを具体化したのが、「K15」という前回の中期経営計画（2013年から15年までの3年間）でした。

　EVAの計算式をそのまま説明しても、従業員には理解されにくいということで、「これからは『脱デフレ型の成長モデル』に移行したい。持てる資産をうまく使って、売り上げを伸ばし、利益を出して、その利益を投資に回して良い形で成長させたい」と言い換えました。**EVAの本質とは、「いかに効率的に資産を活用しながら、株主目線を忘れないようにするか」ということです。『資産の最大活用』とは、株主から頂いた資本金や借入金、人的資産に加え、先輩たちが築いてきた技術や経験の蓄積などをもう一度点検して、きちんと使いましょうということです。**このことをずっと言い続けたのです。

　これによって、従業員の理解が深まり、自ら自社の資産を点検するようになりました。例えば、販売を終了した商品やブームを過ぎた商品でも時代に合わせて新しく光を当てたらもう一度使えるのではないかと。その事例の1つが「ワイドハイター」です。シミや黄ばみを落とすために活躍していた衣料用漂白剤ですが、素材の進化や衣類の買い替えサイクルが短くなったことによって、需要が落ち込んでいまし

た。そこで生活者の衛生意識の高まりに合わせて、「ニオイ汚れを落とす」こと、「除菌ができる」ことに光を当てて訴求点を変えたのです。時代の変化に合わせた伝え方をするだけで、元々持っていた資産がより生きるようになったのです。これらの取り組みによって、K15は目標を大きく上回って達成することができました。その結果、株主還元も株主総会で承認されれば、27期連続で増配を続けることができ、また従業員の処遇改善も世間より高い水準で実行できていると思います。

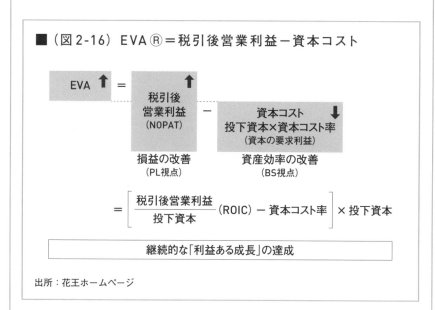

■（図2-16）EVA Ⓡ ＝税引後営業利益－資本コスト

出所：花王ホームページ

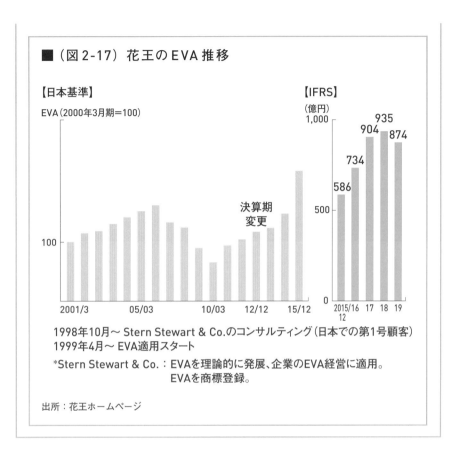

■（図2-17）花王のEVA推移

【日本基準】
EVA（2000年3月期＝100）

決算期
変更

100

2001/3　　05/03　　10/03　12/12　15/12

【IFRS】
（億円）
1,000

935
904
874
734
586

500

0　2015/16　17　18　19
　　　　12

1998年10月〜 Stern Stewart & Co.のコンサルティング（日本での第1号顧客）
1999年4月〜 EVA適用スタート
*Stern Stewart & Co.：EVAを理論的に発展、企業のEVA経営に適用。
　　　　　　　　　　 EVAを商標登録。

出所：花王ホームページ

　従業員教育の前に経営陣がEVAの考えを理解し経営に活かしていくことが大切であること。その上で、従業員に「いかに効率的に資産を活用しながら、株主目線を忘れないようにするか」というEVAの本質を言葉を変えつつ、ずっと言い続けたと澤田社長はおっしゃっています。澤田社長のご苦労がうかがい知れる発言ですが、花王は20年以上、EVAを開示し続けている企業であることも特筆すべきことでしょう。

■■ ピジョンの「PVA」とは何か？

花王と同様に素晴らしい企業と言えば、ベビー用品の製造・販売のピジョンです。同社が考える企業価値には、社会価値と経済価値の2つがあります。経済価値は明確に「将来フリーキャッシュフローの現在価値の合計」と謳っています。管理指標の中には、ピジョン版のEVAであるPVA（Pigeon Value Added）があります。ピジョンの山下会長（当時社長）のインタビューも続けてご紹介します。

ピジョンのPVAとは何か？

　当社は借り入れの利率や株主期待収益率を加重平均したWACCを5%とし、投下した資本にそれを掛けたものを資本コストとして、それを上回る利益を上げることを目指しています。PVAは税引き後の営業利益（NOPAT）から資本コストを差し引いた指標です。**当社はNOPATを重要視していますが、NOPATを増やすために資本コストをいたずらに膨らませても効率が悪く、双方のバランスを見て考える必要があります。**

　全社員がどうすればPVAを上げることができるか、を考えてくれるよう意識付けに力を入れています。まず、本社や各事業所や研究所で財務の基礎知識を学ぶ勉強会を定期的に開いているほか、私自身が全社員にPVAを自分の言葉で説明してくれと、尋ねるようにしているのです。色々な答えが返ってきますが、**大事なことは我々が事業をする上で、資金が必要だ、それは投資家や銀行から借りているものだ**

ということを強く意識してもらうことです。WACCは5%に設定[18]していますが、それを上回って初めて事業を続ける価値があるということです。

　PVAが高い事業と低い事業がありますが、長期間低いままだと、事業の継続か、撤退か考えないといけません。不採算事業の撤退は厳しい判断となりますが、中長期の視点でどうするかを判断しなければならないタイミングはあります。

PVA導入の経緯は？

　今は売り上げ、利益だけで判断する時代ではないことははっきりしています。どのように資金を効率的に稼いでいくか、言い換えるとより企業価値を高めているか。それをより合理的に数値で説明する方法の1つが、PVAなのです。新規事業でもいかに早く資本コストを超えた利益を生み出せるか、それを意識するのが大事です。事業部門ごとで展開し、PVAの額がどの位増えているかを見ています。

　PVAは経済的付加価値（EVA）の考え方を基に投資家から様々な情報をもらい、独自で考え出したものです。14年度の企業価値向上表彰の大賞受賞企業であるオムロンなどの取り組みを伺い、PVAの率と金額両方で評価するという独自の指標を採用することにしました。

　2012年に検討を始め、試験導入を経て2015年1月期決算の発表時にPVAの数値公表に踏み切りました。現在は半期ごとに数字を開示して報告しています。半期ごとに行うのは我々のコミットメントなので、実際にPVAが改善しているのか、改善していなければ何が問題

---

[18] ハードルレート（167ページで説明します）はWACC 5%をベースに国内の事業は5%、海外の事業は10%としています。出所：『経営改革の教室』（松田千恵子編著、中央経済社）。

なのか、どう改善していくのかを投資家にきちんと説明することにしています。時に投資家から厳しい追求を受けることもあります。

PVAの導入によって何が変わりましたか？

　各部門でPVAの具体的な展開目標を掲げ、個人ベースにまで落とし込んでいます。個々人の活動がPVAの各要素の改善にどうつながるのかを具体的に目標シートに書き込むようにしています。収益部門も間接部門も同様です。売上高からPVAにいたるツリーの中で貢献できる要素を自分で考えさせるようにしています。より具体的に目標を意識することで、多くの社員がより正しい成果を上げられるようになってきたと見ています。

　今年でPVAを導入して2年目なので、まだ改善の余地はありますが、社員の意識は変わってきています。PVAについて自分の言葉で説明できるようになってきました。理解し始めているということです。

今後の課題はなんですか。

　まずはPVA改善の施策をより具体的に社員に示す必要があります。その点は精度を高める必要があると感じています。在庫と欠品のバランスを考えながら常に適正な在庫水準を維持できるようなサプライチェーンを構築する必要もあります。経営指標としてはCCC[19]も重視しています。例えば、売掛金の回収を短縮し、在庫も適正在庫を意識しながら管理する、これを世界規模で行っていくということです。グローバル企業では買掛金の期間を長くするところもありますが、まずは

---

[19] CCC（Cash Conversion Cycle：キャッシュ・コンバージョン・サイクル）については、263ページで説明します。

在庫の削減に取り組んでいきます。

　ピジョンの事例で特筆すべきは、花王同様に2015年1月期からPVAの数値公表に踏み切っていることです。半期ごとに数字を開示して、実際にPVAが改善しているのか、改善していなければ何が問題なのか、どう改善していくのかを投資家にきちんと説明しているのです。

　さらに驚くべきは、PVAツリーとして計画値と実績値まで公表しているということです（図2-18）。PVAツリーはPVAを構成する要素を分解し、

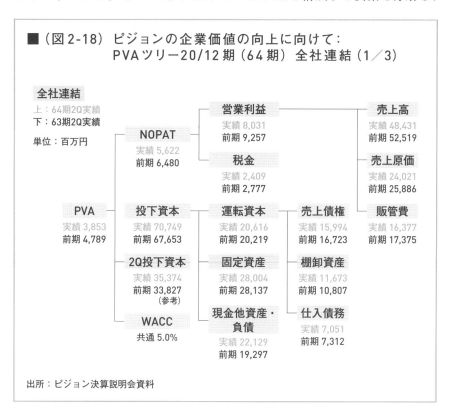

■（図2-18）ピジョンの企業価値の向上に向けて：
　　　　　PVAツリー20/12期（64期）全社連結（1／3）

出所：ピジョン決算説明会資料

どうすれば、PVAを高めることができるかを現場レベルの数値まで落とし込んだものです。

そして、PVAを額だけでなく、率でも表現しているところがまた素敵です（図2-19）。おそらく、人は額よりも率の方が理解しやすいからでしょう。

こうした取り組みが実を結び、WACC（ワック）5％を大幅に上回るROIC（ロイック）を達成しているのです。

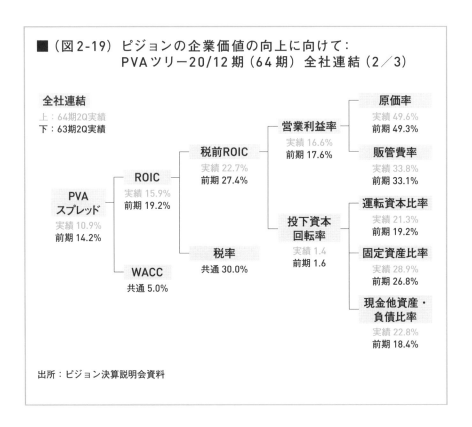

■（図2-19）ピジョンの企業価値の向上に向けて：
PVAツリー20/12期（64期）全社連結（2／3）

全社連結
上：64期2Q実績
下：63期2Q実績

PVAスプレッド
実績 10.9%
前期 14.2%

ROIC
実績 15.9%
前期 19.2%

WACC
共通 5.0%

税前ROIC
実績 22.7%
前期 27.4%

税率
共通 30.0%

営業利益率
実績 16.6%
前期 17.6%

投下資本回転率
実績 1.4
前期 1.6

原価率
実績 49.6%
前期 49.3%

販管費率
実績 33.8%
前期 33.1%

運転資本比率
実績 21.3%
前期 19.2%

固定資産比率
実績 28.9%
前期 26.8%

現金他資産・負債比率
実績 22.8%
前期 18.4%

出所：ピジョン決算説明会資料

資本構成とWACCの関係

　花王とピジョンの社長が、**WACCより高いROICを稼ぐという経営者の使命**を強く意識していることがわかります。何より企業価値経営の要諦を経営者自ら理解し、自分の言葉で従業員に伝え続けるという姿勢に多くの経営者は学ぶべきです。お話をWACC（ワック）に戻します。先ほど、IRのミッションはWACCを下げることだと言いました。WACCを下げるのに他にできることはないのでしょうか。デットの活用があります。

　株主資本コストより、負債コストが低いことを思い出してください。

　ファイナンスの観点でいえば、無借金会社は決してほめられたものではありません。任天堂のように、経営者のきちんとした考えがあっての無借金というのならまだしも、「銀行に頭を下げたくないから、借金をするのはイヤ」と考えて借金をしない会社もあります。**無借金は負債コストより高い株主資本コストで資金調達をしているわけです。パブリックな企業の経営者であれば、少しは考えて欲しいところです。**

　借金は活用すべきです。ただし、いくらでも借金をしていいかというと、そうでもありません。

　図2-20をご覧ください。縦軸はWACCを表し、横軸はデットとエクイティの割合です（Debt/Equity比率）。右側に行けば行くほどデットの割合が増加します。

　グラフにある通り、確かにはじめは、デットを増やせばWACCは下がっていきます。負債には節税効果[20]がありますし、負債コストは資本コストよりも通常低いわけです。ですからデットの利用によってWACCは下がっていきます（図2-20①）。ところが、この間もデットの増加によって、財務リスク[21]は増加し、株主資本コストは上昇していきます。それでも、ま

---

[20] 節税効果については、102ページで説明しました。
[21] 将来の損失や倒産の可能性のことです。

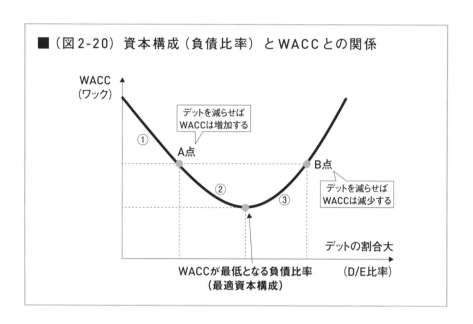

■（図2-20）資本構成（負債比率）とWACCとの関係

WACC（ワック）

① デットを減らせばWACCは増加する

A点

② WACCが最低となる負債比率（最適資本構成）

③ B点

デットを減らせばWACCは減少する

デットの割合大（D/E比率）

だデットの利用によるコスト削減効果の方が株主資本コストの上昇分よりも大きいためにWACCは下がり続けるのです（図2-20②）。ところがデットが増えすぎると債権者も株主も企業が倒産するのではないかと考え、リスク認識が高まります。ハイリスク・ハイリターンの原則から、要求収益率が両者ともに高くなります。その結果、WACC（ワック）は上昇していくことになります（図2-20③）。WACCが最低となるデットとエクイティの割合（D/E比率）を最適資本構成といいます。ではうちの会社の最適資本構成はどれくらいなのか、知りたいですね。残念ながら、ファイナンスの世界でも、最適資本構成の理論は確立されていません。

■ 実務上の最適資本構成

　ただ、企業としては、最適資本構成の左側にいるのか、右側にいるのかは押さえておく必要はあるでしょう。例えば、図2-20のA点にいる企業

がデットを増やせば、WACCは下がります。ところが、B点にいる企業が
デットを増やせば、WACCは上がってしまうわけです。反対にデットを
減らすことは、B点にいる企業にとってはWACC（ワック）を下げること
につながりますが、A点にいる企業にとっては、WACCを上げてしまう
ことになります。

　では実務でどうやって自分の会社の最適資本構成を考えるのでしょう
か。1つは社債の目標格付からの逆算です。スタンダード＆プアーズ（以
下S&P）やムーディーズなどの格付機関については耳にしたこともあるか
もしれません。格付機関は、社債、すなわちデット（有利子負債）に対して
格付します。つまり、その社債を期日までにきちんと返してくれる能力が
あるかどうかを格付けしていることになります。格付の最高ランクは
AAA（トリプルエーと発音します）です。格付のランクが高ければ高いほど、
それだけ債務償還能力が高いということですから、社債の発行コストは低
くなります（債権者の要求収益率が低くなるため）。私がいた当時、日産自動車
のS&Pによる格付はBBB（トリプルビー）でした[22]。これに対して、CFOの
ポリシーとして格付はA（シングルエー）を目指していました。この目標格
付になるべく、S&Pなどの格付機関にアドバイスをもらうのです。正解
こそ教えてくれませんが、手元現金残高の水準や、デットの水準などのア
ドバイスはしてくれます。

　もう1つは、ベンチマークです。言ってみれば、同業他社の資本構成を
参考にするということです。同業他社のものまねをしておけば、少なくと
もそれが原因で負けることはないといったところでしょうか。

---

[22] 現在（2020年9月）の日産自動車の格付は、S&PがBBB-、ムーディーズがBaa3で、ともに
BBB-（トリプルビーマイナス）相当です。ちなみに格付投資情報センター（R&I）はA（シ
ングルエー）としています。

　債権者と株主では、いい会社の定義が違うことを多くの方々は知りません。

　債権者は、何といっても安定性重視です。リスク、ばらつきを嫌うと覚えておいてください。銀行員は、内部留保が厚い企業が好きだと言いました。内部留保が厚い企業というのは、デットが少ない企業です。借金が少ない倒産しにくい企業が好きなのです。確実な元利金返済を求めるのが銀行員です。企業がどれだけ成長したところで利息の金額は契約で決まっています。企業がハイリターンを求めてリスキーな投資を行うよりも安定した売上をあげることを求めるのです。

　一方で、株主は、企業のステークホルダーの中で収益（そうめん）の分配は最後になります。途中で他のステークホルダーが分配を受けるわけですから、自分の分配を増やすためには、トップラインである売上が伸びる必要があります。つまり、株主はなんと言っても**成長性重視**なのです。さらにデットのフル活用を経営者に求めます。デットのことを金融の世界ではレバレッジといいます。株主は自分たちのリターンを高めるためにテコの原理を使うのです。住宅ローンを借りている方はレバレッジとは無縁というわけにはいきません。まさに株主と同じように、数百万円の自己資金（エクイティ）に住宅ローンというレバレッジを活用して数千万円の家を購入しているわけです。レバレッジをかければかけるほど、バラツキは大きくなります。つまり、財務リスクを負うことになります。

　さらに株主がリスクを好む理由があります。それは、アップサイドとダウンサイドのリスクが非対称になっているからです。ダウンサイドに関しては、自分が出資した金額以上の損失を被ることはありません。つまり、有限責任なのです。一方で、アップサイドは青天井です。したがって、経営者にリスクを取らせアップサイドを狙うという行動に出ることがあるの

です。この株主と債権者の対立構造（図2-21）を経営者は理解しておく必要があります。

■（図2-21）株主と債権者の対立構造

株主の立場　　　　債権者の立場

成長性重視　　利害の　　安定性重視
デットをフルに　　対立　　デットは少ない
活用する　　　　　　　　方がいい

株主価値の増加　　　　確実な元利金返済

■■■ ハイパーネットは、銀行から資金調達して倒産した？

　板倉さんは[23]、その著書でこんなエピソードを紹介しています。板倉さんが経営していたハイパーネットは、わざわざビル・ゲイツが会いにくるほどの話題のベンチャー企業だったのです。では、なぜ倒産してしまったのでしょうか。成長を続ける中、住友銀行の支店長がやってきて、こう言ったのです。「もうこれ以上ハイパーネットにはお金を融資できません」。ハイパーネットはデットファイナンス、つまり債権者からお金を調達していたのです。板倉さんは「ハイパーネットの倒産の原因のひとつは調達方法を間違えたことだ」と同書の中で語っています。

　ベンチャー企業は、事業リスクが高いのです。本来はリスクマネー、エ

---

[23] 『社長失格』（日経BP）の著者の板倉雄一郎さんです。経営していたハイパーネットの倒産と自身の自己破産に至るまでを赤裸々につづり、ベストセラーになりました。私のファイナンスの師匠とも言える存在です。

クイティーファイナンスをしなければいけなかったのです。ベンチャーキャピタルやファンドから調達すべきということです。まとめますと、**事業リスクが高いビジネスの場合はリスクを好むエクイティファイナンス、安定している事業の場合はデットファイナンスが基本**だということです。このように資本構成を考える場合、事業リスクに見合った資金調達をする必要があるのです。

■■ 格付は企業の総合力を表している訳ではない

　最適資本構成を考える方法の1つに目標格付からの逆算というお話をしました。また、先ほど、債権者と株主とでは「いい会社」の定義が違うというお話をしました。もう一度確認します。格付機関はどちらの立場で格付を行っているでしょうか。そうです。社債（デット）に格付けするわけですから、債権者の立場です。

　格付に影響を及ぼす指標の1つが自己資本比率[24]です。この比率が高いほど、「いい会社」として評価される傾向があります。これは格付機関だけではなく、銀行なども同じです。自己資本比率が高いということは、デットが少ないことを意味します。つまり、WACC（ワック）が高いことでもあります。企業価値の観点からは、必ずしも良いことではないわけです。**格付が上がれば、企業価値があがり、ひいては株価があがると考えることは間違い**だとおわかりいただけたでしょうか。格付は企業の総合力を表すものだというイメージをお持ちの経営者、ビジネスパーソンが多いのですが、それは誤解です。**格付はあくまでも債権者の立場から企業の債務償還能力を分析評価している**ものだとご理解いただければと思います。

---

[24] 自己資本比率＝自己資本／総資産で求めます。内部留保が厚い企業は自己資本比率が高い企業とも言えます。

■■■ 目標格付をどこにおくべきか

　格付の最高ランクはAAA（トリプルエーと発音）です。企業はこのAAAを目指すべきなのでしょうか。もう皆さんはおわかりのはずです。債権者の立場からみて最高にいい会社になるには、債務償還能力が高い会社ということになります。言いかえれば、手元に現金が潤沢にあり、なおかつ借金はできるだけ少ない企業です。デットが少ないわけですから、結果的にWACC（ワック）は高くなります。

　もちろん、格付が低すぎるのもよくありません。**「投資不適格」などと格付けされれば、リスクプレミアム（信用スプレッド）[25]はぐんと上がり、企業にとっての負債コストがあがり、これに伴って株主資本コストも上がります。ということは当然、WACCが上がります。そして結果的に企業価値が減少してしまうのです。**格付に関しては、ちょっと古い記事（図2-23）ですが、IBMのトレジャラー（日本で財務部長）だったジェフリー・サークス氏のコメントが勉強になります。

　AAAをとるためには、250億ドルの手元現金を持つ必要があるものの、それだけの手元現金を持つコストとAAAをもらうメリットは見合わないと言っています。さらに、WACCが、1番低いのは、BBB（トリプルビー）としながらも、BBBだと買収、自社株買いなど急でまとまった資金需要に対応できないためA（シグナルエー）が望しいとコメントしています。日本企業のCFOからもこんなコメントがどんどん出てくるのを期待したいところです。

[25] リスクプレミアム（信用スプレッド）については、92ページで説明しました。

IBMトレジャラー
ジェフリー・サークス氏

資金生む力戻り実施

事業投資案件が他にないわけではないが、十分なリターンが上がらないものには投資しない」

——自社株買いは格付けにマイナスですが。

「その通りだが、IBMが自社株買いを再開したときは、バランスシートがよくなったことと、キャッシュを生み出す力が戻ったことが評価され、格付け会社は格付けを上げた」

トリプルAいらない

——現在の格付けはシングルA格。トリプルAは欲しくないですか。

「欲しくない。トリプルAは非常に安定的な産業のものだ。我々のインフォメーション・テクノロジー産業は日々激変している。またトリプルAを取るためには二百五十億ドルの手元資金を持たなくてはならない。それだけの手元を持つコストと、トリプルAをもらうメリットは見合わない」

めの資金を手元に置いているが、それでも六十億―八十億ドル程度だ。二百億ドルくらいあると何に使うんだ、株主に返すべきだ、という要求が出る」

——最低限維持したい格付けは。

「現在のシングルA。使っている資本のトータルコストだ」

トリプルBの時に一番低い状態になると思う。だが、トリプルBは買収や自社株買いなど、急でまとまった資金需要への対応力が極めて乏しい財政状態だ。シングルAなら負債もある程度利用できるし、買収などに柔軟な対応も可能だ」

「ちなみに、IBMの株主資本のコストは、投資銀行に聞くと二三―一八％くらい。税引き後で三―五％程度の負債のコストに比べると、断然高くつく資金だ」

■■■ ダイキン工業の資本コストを算定する

　それでは実際にダイキン工業の2020年3月期の決算データを使って資本コストを算定してみましょう。

【負債コストの計算】

　負債コストは、本来はこれから資金調達するとしたらどの程度の金利になるか推定することが望ましいのですが、実務では簡便的に以下の計算式で求めます。

負債コスト＝支払利息÷デット（有利子負債）平均残高

　デットは、図2-24のように、短期借入金、コマーシャルペーパー、社債、長期借入金、リース債務等です。有価証券報告書から2期分の数字を持ってきて平均残高を算出します。本来、デットは時価ベースですが、実務では簿価で代用します。

　上記計算式から、負債コストは1.9％（セルM5）と求めることができます（図2-25）。デットには節税効果がありました。したがって、求めた負債コストに（1－法人税率30％）を掛けることで、税引後負債コストを1.4％と求めることができました（セルM6）。

【株主資本コストの計算】

　株主資本コストの計算には、CAPM（キャップエム）を使います。リスクフリーレートは0.34％[26]とし、マーケットリスクプレミアムは6％とします。β（ベータ）はロイターのサイト（国内株式）で調べたところ1.09（2020

---

[26] 95ページのIR協議会調査の2020年リスクフリーレートの平均を引用しています。

■（図2-24）ダイキン工業の負債コストを計算する（1／2）

	A	B	C	D	E	F	G	H
1								
2		ダイキン工業株式会社						
3		有利子負債関連			単位	2019年3月期	2020年3月期	平均
4			流動負債					
5				短期借入金	百万円	136,066	48,937	92,502
6				コマーシャル・ペーパー	百万円	10,000	0	5,000
7				1年内償還予定の社債	百万円	50,000	0	25,000
8				1年内返済予定の長期借入金	百万円	42,385	105,900	74,143
9				リース債務	百万円	1,241	17,300	9,271
10			固定負債					
11				社債	百万円	60,000	90,000	75,000
12				長期借入金	百万円	275,988	233,184	254,586
13				リース債務	百万円	9,959	58,482	34,221
14			合計		百万円	585,639	553,803	569,721
15								
16			支払利息		百万円		11,008	
17								
18		株主資本関連					備考	
19			リスクフリーレート		%	0.34%		
20			マーケットリスクプレミアム		%	6.0%		
21			ダイキン工業株式会社のβ		-	1.09	2020/11/12時点ロイター	
22			株価		円	23,545.0	2020/11/12時点	
23			発行済株式数（除く保有自己株式数）		百万株	293	2020/11/12時点	
24								
25		その他						
26			法人税率		%	30.0%		
27								

年11月12日時点）となっています。β（ベータ）が1.09ということは、ダイキン工業の株価は、ほぼTOPIXと同じ値動きだということです。ちなみに、ロイターはβ（ベータ）を過去5年間の株価とTOPIXの月次リターンから算出しています。

　リスクフリーレート、マーケットリスクプレミアム、そしてβ（ベータ）がわかれば、CAPM（キャップエム）の公式に当てはめれば、株主資本コストは6.9％（セルM7）と求めることができます。

■（図2-25）ダイキン工業の負債コストを計算する（2／2）

	J	K	L	M	N	O	P
1							
2				─────			
3		WACC計算					
4			単位				
5		負債コスト	%	1.9%	<-- = G16/H14		
6		税引後負債コスト	%	1.4%	<-- = M5*(1-F26)		
7		株主資本コスト	%	6.9%	<-- = F19+F20*F21		
8							
9		有利子負債	百万円	553,803	<-- = G14		
10		株式時価総額	百万円	6,888,984	<-- = F22*F23		
11		合計	百万円	7,442,787	<-- = SUM(M9:M10)		
12							
13		負債比率	%	7%	<-- = M9/$M$11		
14		株主資本比率	%	93%	<-- = M10/$M$11		
15							
16		WACC	%	6.5%	<-- = M6*M13+M7*M14		
17							
18				─────			

株主資本コスト＝
　　リスクフリーレート＋β（ベータ）×マーケットリスクプレミアム

【WACCの計算】

　税引後負債コスト1.4%、株主資本コスト6.9%となりました。加重平均のウェイトを計算しましょう。ウェイトはデットの時価（簿価で代用）と株式時価総額の比率です。株式時価総額は株価×発行済株式数で求めます。いずれの情報もネット検索で簡単に求めることができます。発行済株式数は、保有自己株式数をマイナスする必要があります[27]。2020年3月末時点

---

[27] ダイキン工業の場合、2020年3月期末時点での発行済株式数293,113,973株に対して、保有自己株式数524,997株となっています。保有自己株式数は有価証券報告書で調べる必要があります。

のデットの残高と株式時価総額の情報から負債比率7%（セルM13）、株主資本比率93%（セルM14）が求まります。WACCの以下の計算式に当てはめれば、6.5%（セルM16）と計算できます。

WACC＝負債比率×税引後負債コスト＋株主資本比率×株主資本コスト

　今回、加重平均する際の資本構成（負債比率と株主資本比率）は、現在のデットの残高（簿価で代用）と株式時価総額を使いました。これは、**現在の資本構成が将来にわたっても変わらないという前提**をおいていることになります。そのほか、**自社の目標の資本構成を使用する場合**があります。また、**同じ業界の上場企業の平均的な資本構成を使う場合**もあります。これは、すべての企業が経済合理性にかなった行動をするのであれば、中長期的には、業界の資本構成の平均値は、その業界の最適な資本構成に近づいていくであろうと考えるわけです。

投資の意味を
理解する
―NPVとIRRによる投資判断

■■ お金の価値は手に入れるタイミングで変わる

　今、目の前にある100万円と遠い将来の100万円とでは、価値が違うことは直感的に理解できると思います。もし500年後に1億円もらえるとしても、今を生きる私たちにとっては、1億円もの価値はありません。むしろ「今すぐ、100万円もらった方がいい！」という人の方が多いかもしれません。

　このように、今の私たちにとってお金の価値は、受け取るタイミングが将来になればなるほど小さくなっていきます。このように、**お金の価値は手に入れるタイミングで変わる**という考え方はファイナンスの中でも、最も重要な考え方と言えます。

　ここからは、お金の時間価値について考えてみましょう。お金の時間価値とは、簡単に言えば、**今日の100万円の方が明日の100万円よりも価値がある**ということです。

■■「3年後にもらえる100万円」を今の価値にすると

　みなさんは、100万円の宝くじに当選しました。窓口に当選くじを持っていくと現金化は3年後と言われたとしましょう。がっかりですよね。先ほどの話から言えば、3年後の100万円は今日の100万円よりも価値がないということになります。それでは、3年後に100万円に現金化できる当選くじの今の価値はどれくらいなのでしょうか。この問題を解くカギは金利です。利息の計算方法に複利計算というものがあります。

　複利計算とは、利息の計算方法の1つで、利息を毎年引き出さずにそのまま元本と一緒に運用していくというものです[1]。「利息が利息を生む」の

---

[1] 利息の計算方法には他にも単利計算があります。例えば、100万円を金利10％で3年間運用した場合、1年間で10万円の利息がつくことから、3年後には130万円になります。

が複利計算の特徴です。

　将来価値とは、今のお金を複利で運用した場合に将来どれくらいの価値になるかということです。たとえば、今の100万円を金利10％で3年間運用した場合の将来価値は次のように求めることができます。

$$100万円 \times (1 + 10\%) \times (1 + 10\%) \times (1 + 10\%) = 100万円 \times (1 + 10\%)^3$$
$$= 133.10万円$$

　この式の中で（1 + 10％）の「1」は元本を表しています。この「1」がないと利息額10万円だけが計算されることになってしまいます。3年間運用しますから、（1 + 10％）を3回掛けています。同じものを複数回掛け合わせることをべき乗といいます。

　将来価値の計算式は図3-1のようになります。

■（図3-1）将来価値の計算式

$$将来価値 = CF \times (1 + r)^n$$

CF：元本　　r：利率　　n：年数

　それでは、3年後に100万円もらえる宝くじの今の価値はいくらになるのでしょうか。金利10％のとき、今の価値をPV（Present Value：現在価値）とおくと3年後の将来価値は$PV \times (1 + 10\%)^3$と表せます。これが100万円になるわけですから、$PV \times (1 + 10\%)^3 = 100$（万円）となります。この式の両辺を$(1 + 10\%)^3$で割り算してください。こうして、PVについて求めると、

$$PV = \frac{100}{(1+10\%)^3} = 75.13 \quad (万円)$$

となります。つまり、金利10%の時に3年後の100万円の今の価値は75.13万円になります。将来の金額（3年後の100万円）の今の価値（75.13万円）のことを現在価値と呼びます。

現在価値を求める計算式は図3-2の通りです。

■（図3-2）現在価値の計算式

$$現在価値 = \frac{CF_n}{(1+r)^n} = CF_n \times \overset{\text{割引係数}}{\frac{1}{(1+r)^n}}$$

CF_n：n年後の元本　　r：利率　　n：年数

わかりにくい割引率？

また、現在価値はn年後の元本CF_nに$\frac{1}{(1+r)^n}$を掛けると表現することができます。この現在価値を求めるときに掛ける値$\frac{1}{(1+r)^n}$をDF（Discount Factor：割引係数）といいます。私はわかりやすく「目減り率[2]」という表現を使っています。

年利10%とすると、今日の75.13万円は、3年後には将来価値100万円

---

[2] 部長以上のえらい人に「現在価値にするときは、将来のお金に割引係数を掛けるのです」と言っても通じないからです。

■（図3-3）今日の75.13万円と3年後の100万円の価値は同じである

要求（期待）収益率

$75.13 \times (1 + 10\%)^3$

現在価値

75.13万円

運用する →

← 割り引く

将来価値

100万円

割引率

$100 \times \dfrac{1}{(1 + 10\%)^3}$

になります。つまり、**今日の75.13万円と3年後の100万円では価値は同じである**ということです。現在価値から将来価値を求めるときの利率を**要求（期待）収益率**といいます。そして、3年後の100万円を現在価値に変換することを**割り引く**と表現します。現在価値は、100万円に$\dfrac{1}{(1 + 10\%)^3}$をかけることで75.13万円と計算することができました。このときの10%を**割引率**といいます。

　このように、将来価値を現在価値に換算するときに使う利率を割引率といいます。割引率と言っても、スーパーの割引とは計算方法が異なりますので注意してください。

　実は、私がファイナンスを初めて勉強したときにわからなかったのは、将来価値を現在価値に割り引くときに使う割引率です。すでに皆さんはおわかりかと思いますが、**割引率と要求（期待）収益率は表裏一体同じもの**です。恥ずかしい話ですがこの関係がわかるのに、私は1年くらいかかりました。

■■■ リスクに応じて割引率と要求収益率も変わる

　次に、**投資対象に対するリスクの感じ方によって、割引率と要求収益率
を変化させる**ということをご説明しましょう。ここもわかりにくいところ
かもしれません。具体的に考えてみましょう。

　例えば、あなたの大親友がやってきました。1年間、100万円貸してほ
しいと言ってきました。あなたは何％の利息をとりますか。

生徒：そうですね。大親友だったら、利息はとりません。
石野：そうだと話が続かないんで、甘やかさずにきちんととってくださ
　　　　い。
生徒：では、5％くらい。
石野：ありがとうございます。では知り合いはどうでしょう？　貸したく
　　　　ないかもしれませんが、貸すとしたら？
生徒：10％です。
石野：打ち合わせ通りですね（笑）。

　多くの方は、親友と知り合いとでお金を貸すときの金利、すなわち要求
収益率を変えます。なぜでしょうか。ここにもハイリスク・ハイリターン
の原則が働くのです。
　リスクとは、「想定される結果」のばらつきです。ここでは何が想定さ
れるでしょうか。貸した100万円が返ってくるか、返ってこないかのばら
つきです。親友はそのばらつき（リスク）が小さい。知り合いはばらつき
（リスク）が大きい。**ばらつきが大きいものにお金を投資するときは、それ
相応の高いリターンを要求すべき。これがハイリスク・ハイリターンの原
則です。**私たちは、この原則に則った行動をしているのです。今後はその

136

ことに自覚的になっていただきたいのです。

■（図3-4）資金の出し手は、リスクに応じた収益率を要求する

貸出対象	要求する収益率	現在の価値		1年後の返済額
親友	5%	100万円	▶	105万円
知り合い	10%	100万円	▶	110万円

　親友の1年後の返済額は105万円、知り合いの場合は、110万円です。当たり前ですが、両者ともにその現在価値は100万円です。その時の割引率は、それぞれ5％と10％になります。

　今度は、親友と知り合いに1年後に元金と利息の合計100万円を耳をそろえて返していただくとしましょう。親友に貸した1年後の元利金100万円の現在価値は割引率5％を使って割り引くと95万円になります。知り合

■（図3-5）同じ1年後の100万円でも、安全な100万円の方が価値がある

貸出対象	要求する収益率	現在の価値		1年後の返済額
親友	5%	$95万円=100\times\dfrac{1}{(1+5\%)}$	◀	100万円
知り合い	10%	$91万円=100\times\dfrac{1}{(1+10\%)}$	◀	100万円

いの場合は割引率が10％ですから、91万円と貸せる金額が親友よりも小さくなります（図3-5）。よろしいでしょうか。これは、**同じ1年後の100万円でも、親友に貸した安全な100万円の方が価値がある**ということです。

　この将来価値、現在価値、要求収益率、そして割引率はファイナンスでも、最も重要な概念です。いや、むしろこれが理解できなければ、ファイナンスは先に進まないとも言えるものです。

　もう一度、四者の関係を復習しておきましょう。**現在価値に（1＋要求収益率）を掛けると、将来価値になります。将来価値に$\frac{1}{(1＋割引率)}$を掛けると、現在価値が求められます。**もちろん、ここでは、**要求収益率＝割引率**です。5年先のお金を現在価値に割り引く場合、（1＋割引率）が$(1＋割引率)^5$に変わることに注意してください。

■■■ 将来価値と現在価値　Excel演習

　それでは、Excelを使って今までお話したことを、確認してみましょう。まずは、100万円を利率10％で3年間運用した場合の将来価値を求めてみましょう。ときどき、Excelのセルにいきなり「＝100*(1+10%)^3」と入力し始める方がいらっしゃいます。これはやってはいけません。Excelを電卓と同じように使ってはもったいないです。将来、変わる可能性がある元本、利率、年数などの「変数」は外に出しておくのが鉄則です。

- 将来価値＝元本*（1＋利率)^年数

　Excelのべき乗は、「^（キャレット）」を使います。将来価値は、133.10と計算できます。

■（図3-6）将来価値と現在価値をExcelで計算してみよう

A B	C	D	E	F
1				
2	将来価値			
3	元本	100.00		
4	利率	10.00%		
5	年数	3		
6	将来価値	133.10	<--=D3*(1+D4)^D5	
7				
8	現在価値			
9	将来価値	133.10		
10	割引率	10.00%		
11	年数	3		
12	割引係数	0.75	<--=1/(1+D10)^D11	
13	現在価値	100.00	<--=D9*D12	
14				

　次に、3年後の将来価値133.10を割引率10％で3年分割り引くことで現在価値を求めてみましょう。

- 割引係数＝1／（1＋割引率）^年数
- 現在価値＝将来価値*割引係数

　現在価値は100と計算できます。最後に3年後に100万円もらえる宝くじの当選券の価値を求めてみましょう。将来価値（セルD9）に100と手打ちすれば、現在価値75.13万円と計算できるはずです。

■ 投資の意思決定の3プロセス

　企業価値の向上は、投資なくしては起き得ません。簡単に言えば、100円を出資して、その100円を事業で回して150円が手元に戻ってきたとします。この50円分が、増えた価値ということになります。そう考えると、企業価値を増やすにはまずはお金を何かに投資しなくては始まらないということがわかります。ここでは、投資すべきか否かの意思決定についてお

話しします。

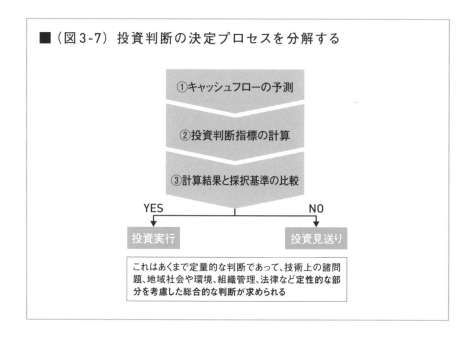

投資の意思決定のプロセスとして、まずは①将来のキャッシュフローの予測をします。②投資判断指標の計算をして、③計算結果と採択基準の比較を行い、投資を実行するか、見送りとなります。しかし、これはあくまでも定量的な判断になります。定量的な判断で全てが決まれば、経営者は要りません。数字に表せないものもあるでしょう。それは定性的なものです。

■■■ ESGの目的は「中長期的な企業価値の向上」

例えば、世界的な流れとして最近無視できなくなっているのがESG（Environment＝環境、Social＝社会、Governance＝ガバナンス）投資です。ノルウ

ェーの政府年金基金や、カルパース[3]など、公的な年金を運用している投資家は、ESGを大切にし、実践している企業に投資をしていこうとしています。

　伊藤忠商事のインフラ投資の担当の方がこんなことを言っていました。「投資審査では、投資の収益性はもちろんのこと、なぜ、この案件を他社ではなく、伊藤忠商事がやらなくてはならないかを説明する必要がある」。伊藤忠商事の経営理念は「三方よし」です。これは近江商人[4]の経営哲学を表現するための言葉で「売り手よし、買い手よし、世間よし」を意味します。考えてみれば、この「三方よし」の精神は伊藤忠商事だけでなく、多くの日本企業の経営理念の根幹になっています。

　2019年がESG投資普及の年だと言われていますが、そんな時だからこそ、私たちは立ち止まって考えてみる必要があります。そもそも、企業が「環境、社会、ガバナンス（ESG）」に配慮するのは、当たり前です。そして、多くの日本企業は「三方よし」の精神を大切に実践してきたと言えます。

「その当たり前のことができていないからESGが大切なのだ」という人はいるでしょう。ただ、ESGをことさら声高に叫ぶのは、何かこのESGが商売の道具、いや「商品」そのものになりつつあるという気がします。かつて一世を風靡したCSR（Corporate Social Responsibility：企業の社会的責任）の時と同じです。企業が経済活動に邁進するだけでなく、社会的責任を全うすべきということです。

　CSR流行の際、多くの企業が行ったのは、企業理念とは直接関係のない植林活動や寄付活動でした。そして、コンサルティング会社に多額のフ

[3] 米国カルフォルニア州の職員や退職者などが加入する年金基金（The California Public Employees' Retirement System）
[4] 創業者である伊藤忠兵衛は近江商人でした。「三方よし」という言葉は、忠兵衛の座右の銘「商売は菩薩の業、商売道の尊さは、売り買い何れをも益し、世の不足をうずめ、御仏の心にかなうもの」が起源とされます（出所：伊藤忠商事ホームページ）。

ィーを払って、誰が読むかわからない立派なCSR報告書を作ったのです。

ESGを企業理念や企業戦略と切り離して論じてもらっては困ります。なぜなら、**ESGの目的は中長期的な企業価値の向上だからです。**あくまでも本業を通じて環境や社会に良い影響を及ぼすことができ、ガバナンスがしっかりしているような企業こそが中長期的に成長し、結果的に企業価値が高められるはずだという信念が底流にあることを忘れてはいけないと思います。

ちょっと一人で熱くなってしまいました。いずれにしても、日本企業も原点に戻るべき時が来たと言えるかもしれません。**投資判断においては、無形の目に見えないもの、そして有形の目に見える数字の世界、両方のバランスをとりながら意思決定することが大事になってきている**のは確かです。

■■ お金持ちになる秘訣は「価値と価格を見極める」

かつて、私の知り合いの経営者から、お金持ちになる秘訣を教えてもらいました。その秘訣とは**価値＞価格**です。

　「価格というのは、差し出すものである。価値というのは、その代わりに手に入れるもの。差し出すものと手に入れるものとを比べて、手に入れるものの方が大きくないと経済的に豊かになれない」

このように彼は言ったのです。「確かにそうかもしれませんが、実践するのは難しいのではないですか」と食い下がる私に対して、みんなすでにやっていると言うのです。

　「スーパーで1本100円のニンジンが売られているとするよね。みんな何をやっている？　こうやって1本100円のニンジンを手に取って、

また違うニンジンを手に取って買っているだろう。あれは何をやって
いるかというと、差し出す100円よりも価値があるニンジンかを見極
めてから購入しているんだよ。それと同じことを全ての経済活動でや
り続けることが経済的に豊かになることなんだ」

■■ 企業買収は何を買っているのか?

　例えばM&A、つまり、企業買収では、一体何を買っているのでしょ
うか。企業を買っているという人がいますが、それでは答えになっていま
せん。戦略の先生はこう言うかもしれません。「時間を買っている」。ある
いは「自社にない経営資源を買っている」。そういう言い方もあるでしょ
う。**ファイナンスではこう表現します。企業買収とは、買収対象企業が将
来生み出すであろうフリーキャッシュフローを購入している。**

　その価値が300億円しかないにもかかわらず500億円を差し出します
か?　差し出しませんよね。設備投資は、何を買っているのでしょうか。
その設備が将来生み出すであろうフリーキャッシュフローを購入している
ことに他なりません。その価値がいくらですかということです。**ファイナ
ンスは、価値算定の道具**とも言えるのです。なぜ価値がわからないといけ
ないのでしょうか。価値がわからなければ、いくら差し出していいかわか
らないからです。

　高い、低いというのは、1,000円だから安い、1万円だから高いという
ことではありません。価値と比べるのです。それこそ人によって価値観が
違いますから、同じものでも、価値は変わってくる可能性があります。気
分、シチュエーションによっても変わってくるかもしれません。

■■■ フリーキャッシュフローと割引率で価値が決まる

　ただ少なくとも**ファイナンスの価値は、たった2つの要素で決まります。フリーキャッシュフロー、そして割引率です。**フリーキャッシュフローと割引率で価値が決まります。割引率とは要求収益率でもありました。つまり、割引率は投資家（債権者と株主）の要求収益率である WACC（ワック）をベースに考えていくことになります（後ほど詳しく説明します）。

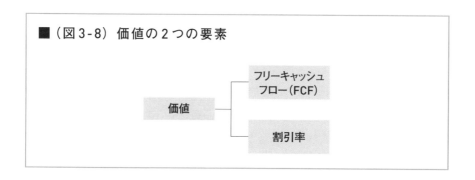

■（図3-8）価値の2つの要素

価値 ─── フリーキャッシュ
　　　　　フロー（FCF）

　　　 ─── 割引率

■■■ NPV法の本質とは?

　つい前置きが長くなりました。投資判断指標の**NPV**（Net Present Value「ネットプレゼントバリュー」＝正味現在価値）**の本質は、この価値と価格を比べるということなのです。**図3-9で初期投資額の棒は下向きに出ています。これは、キャッシュアウトです。つまり、差し出すものです。1年後から5年後まで上に出ている棒は、キャッシュインです。つまり、手に入れるものです。そして、3年後に追加投資の棒が下向きに出ています。

　価値（手に入れるもの）と言ってもファイナンスの場合はちょっと難しいところがあります。1年後の100万円と5年後の100万円では、今を生きるわれわれにとっての価値が違うからです。したがって、時点を評価する現

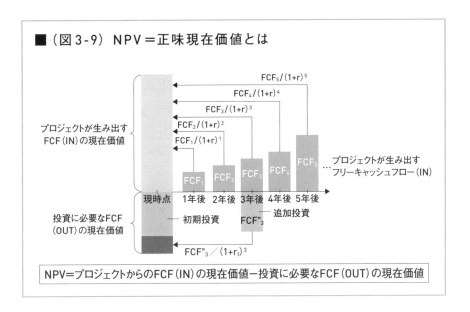

■（図3-9）NPV＝正味現在価値とは

$FCF_5/(1+r)^5$

$FCF_4/(1+r)^4$

$FCF_3/(1+r)^3$

$FCF_2/(1+r)^2$

$FCF_1/(1+r)^1$

プロジェクトが生み出す
FCF（IN）の現在価値

プロジェクトが生み出す
フリーキャッシュフロー（IN）

FCF_1　FCF_2　FCF_3　FCF_4　FCF_5

現時点　1年後　2年後　3年後　4年後　5年後

投資に必要なFCF
（OUT）の現在価値

初期投資　　　追加投資

FCF''_3

$FCF''_3 / (1+r_f)^3$

NPV＝プロジェクトからのFCF（IN）の現在価値－投資に必要なFCF（OUT）の現在価値

在に合わせる必要があります。それぞれの年に生み出されるフリーキャッシュフローをその年の分だけ割り引いて現在価値を求めます。その現在価値の合計が手に入れるものです。差し出すもの（初期投資額）と手に入れるものとを比べることになります。

　一般的に「NPV＝将来発生するフリーキャッシュフローの現在価値の合計額－初期投資額」と定義されます。図3-9のように3年後に追加投資を計画している場合は、このキャッシュアウトも現在価値に割り引く必要があります。追加投資も考慮すれば、NPVは次のように定義した方がいいでしょう。

NPV＝プロジェクトが生み出すフリーキャッシュフロー（IN）の現在価値－投資に必要なフリーキャッシュフロー（OUT）の現在価値

　仮にプロジェクトから生み出されるフリーキャッシュフローの現在価値の合計が300で、投資に必要なフリーキャッシュフローの現在価値の合計

が100ならば、NPVは200（＝300−100）となります。NPVがプラスなら、投資をすべき、マイナスなら見送るべきとなります。

■（図3-10）NPV＞0であれば、その投資は実行すべきである

NPVルール
NPV＞0　投資を実行すべき
NPV＜0　投資を見送るべき
NPV＝0　そのプロジェクトに投資しても企業価値は不変

▰▰▰ 追加投資の割引率は？

こんな質問がありました。「3年後の追加投資（キャッシュアウト）の割引率はプロジェクトから生み出されるフリーキャッシュフローと同じ割引率なのでしょうか」

結論から言えば、割引率はリスクフリーレート（国債利回り）になります。なぜでしょうか。このように考えるといいかもしれません。3年後このプロジェクトに投資するためには、資金を確保しておく必要があります。預金口座にその追加投資分のお金を入金するとしましょう。このお金は3年後投資をするまで運用できます。ただ、運用するといっても3年後に投資をすることが決まっていますので、株式などのリスク資産に投資をしてはいけません。国債などのリスクフリー（安全な）資産で運用すれば、3年後には少なくとも、リスクフリーレート分の金利がついているはずです。したがって、3年後の追加投資を現在価値に変換するときの割引率はリスクフリーレートを使うことになります。ただ、実際のところ、ここまで考えている企業は多くはありません。

■■■ 演習問題（プロジェクトのNPV）

事例

　あなたは、企業の財務担当者です。次のようなキャッシュフローの
プロジェクトが営業サイドから提案されてきました。このプロジェク
トに投資すべきでしょうか。ただし、割引率は、10%とします。

■（図3-11）営業サイドから提案されたプロジェクトの
　　　　　　NPVを計算する

▲	A	B	C	D	E	F	G	H	I	J
1										
2		NPVによる投資判断								
3		割引率	10.00%							
4										
5		年度	0	1	2	3	4	5		
6		フリーキャッシュフロー	(1,200)	100	200	300	400	500		
7		DF（割引係数）	1.00	0.91	0.83	0.75	0.68	0.62	<-- =1/(1+$C$3)^H5	
8		現在価値	(1,200)	91	165	225	273	310	<-- =H6*H7	
9		NPV	(135)	<-- =SUM(C8:H8)						
10		NPV（関数使用）	(135)	<-- =NPV(C3,D6:H6)+C6						

※Excelではマイナスの数字を、わかりやすくするためにカッコで表記することがありま
す。

　図3-11を見てください。0年度に1,200を投資して、1年度以降はキャッ
シュが入っていることがわかります。ちなみにカッコはキャッシュアウ
ト、つまり、企業の外にお金が出ていくことを意味します。

　ここでわかりにくいのは、0年度の意味するところです。0年度は、元
旦（1月1日）と考えるとわかりやすいと思います。そして、1年度は同じ年
の大晦日（12月31日）と考えるのです。2年度以降は、同じように大晦日に
なります。

　したがって、このようにExcelでモデルを作った場合、1年度以降のフ

リーキャッシュフローは大晦日、つまり年末に発生すると暗黙の前提をおいていることに注意してください。

　DF（Discount Factor：割引係数）は、$\dfrac{1}{(1＋割引率)\verb|^|年度}$ [5] です。それぞれのフリーキャッシュフローにDF（割引係数）を掛けることによって、各キャッシュフローの現在価値が計算できます。0年度は現在ですから、割引係数は1です。これらを合計すれば、NPVが求められるというわけです。

　NPVは、（135）と計算されています（セルC9）。つまり、NPVはマイナス135です。1,200という価格（差し出すもの）に対して、このプロジェクトが生み出すフリーキャッシュフローの価値（手にいれるもの）は1,200には満たないことがわかります。

■■■ NPV関数は間違いやすい

　10行目ではNPV関数を使ってNPVを計算しています。関数に必要な情報は、割引率と各年度のフリーキャッシュフローだけです。割引係数を計算する必要もなく、ダイレクトにNPVを計算してくれます。ただ、この関数は間違いやすいので、最近私は使わないようにしています。NPV関数は、＝NPV（割引率、キャッシュフロー）と入力しますが、セルC10に「＝NPV（C3,D6:H6）＋C6」と入力されているように、初期投資額（マイナス1200）を＋C6として、NPV関数の外側から加えてやる必要があるのです。なぜなら、NPV関数は選択したフリーキャッシュフローが0年度（1月1日）ではなく、1年度（12月31日）に発生すると自動的に認識してしまうからです。したがって、0年度に発生する初期投資は別途、外側から差し引く必要があるのです。

---

[5] ここでわからなくなった方は134ページの（図3-2）現在価値の計算式をご覧ください。

　このようにNPV関数は間違えやすいのです。割引係数（図3-11の7行目）を計算した方が、現在価値の計算過程を見える化でき、第三者にもわかりやすいことを考えると、NPV関数はなるべく使わない方がいいかもしれません。

期央割引と期末割引とは？

　今までは、フリーキャッシュフローが期末（大晦日）に発生する前提でした。この方法は、期末割引（Endyear Discounting）といいます。しかし多くの投資案件では、この前提は無理があるかもしれません。なぜならば、フリーキャッシュフローは、年間を通じて平均的に生じると考えるのが現実に合っている場合があるからです。その場合は、各期の中間の時点でフリーキャッシュフローが発生するという前提をおけばいいのです。これを期央割引（Midyear Discounting）といいます。期央割引の場合は、1年度を0.5年度に、2年度を1.5年度にと各年度の数字から0.5を引けば簡単に計算できます[6]。

■（図3-12）期央割引でNPVを計算する

▲	A	B	C	D	E	F	G	H	I	J
1										
2		NPVによる投資判断								
3		割引率	10.00%							
4										
5		年度	0.0	0.5	1.5	2.5	3.5	4.5		
6		フリーキャッシュフロー	(1,200)	100	200	300	400	500		
7		DF（割引係数）	1.00	0.95	0.87	0.79	0.72	0.65	<-- =1/(1+$C$3)^H5	
8		現在価値	(1,200)	95	173	236	287	326	<-- =H6*H7	
9		NPV	(83)	<-- =SUM(C8:H8)						
10		NPV（関数使用）	(83)	<-- =NPV(C3,D6:H6)*(1+C3)^0.5+C6						
11										

[6] 0.5年度というのは言ってみれば、0年度を元日とすると、6月30日を意味すると言えます。

期末割引の場合、マイナス135だったNPVが期央割引ではマイナス83と増加しています。キャッシュインが半年前倒しになっているからです。NPV関数を使う場合は、NPV関数に（1＋割引率）^0.5を掛けると同じ結果になります。「（1＋割引率）^0.5」を期央調整ファクターといいます。

XNPV関数は不定期な フリーキャッシュフローに使う

フリーキャッシュフローの発生日が不定期の場合や月次、あるいは四半期の場合には、XNPV関数が便利です。この関数は、発生日を日付指定できるので、初期投資額を外から加算するといった面倒なことは必要なくなります。

■（図3-13）XNPV関数でNPVを計算する

それでは、XNPV関数と同じことを割引係数を使って行うには、どうすればいいのでしょうか。ここからは中級編のお話です。XNPV関数で十分という方は読み飛ばしていただいて構いません。

まずは、Excelでは、日時はシリアル値で管理されていること理解してください。1900年1月1日を1として、1日経過するごとにシリアル値も1

ずつ増えるのです。たとえば、2025年3月31日のシリアル値[7]は、45747
です。

　ここでExcelの表示形式の概念を簡単に説明しましょう。まず、Excelの
セルを箱だと思ってください。私たちが数字を入力するときには、この箱
の中に数字を入れるわけです。私たちは、この箱を上から眺めているとい
う感じでしょうか。この箱に「表示形式」というフィルターをかけるわけ
です。先ほどの例で言えば、セルの箱の中には45747という数字が格納さ
れています。そこに「日付」というフィルターを掛けることによって上か
ら見ている私たちの目には、「2025/3/31」と映るわけです。

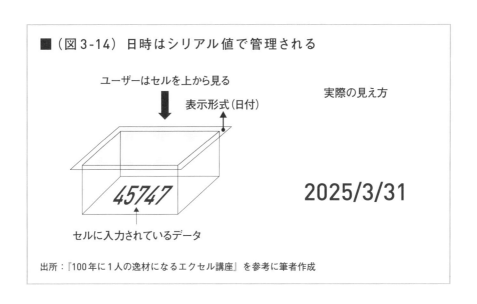

■（図3-14）日時はシリアル値で管理される

ユーザーはセルを上から見る

表示形式（日付）

実際の見え方

45747

セルに入力されているデータ

2025/3/31

出所：『100年に1人の逸材になるエクセル講座』を参考に筆者作成

[7] 厳密に言えば、シリアル値は整数部分は日付、小数部分は時間を表します。例えば、
45747.7は2025年3月31日16時48分を表します。

■（図3-15）日付から割引係数を求め、NPVを計算する

▲	A	B	C	D	E	F	G	H	I	J	K	L
1												
2		NPVによる投資判断										
3		割引率	10.00%									
4			-	364	729	1,094	1,460	1,825	<-- =H5-$C$5			
5		日付	2020/4/1	2021/3/31	2022/3/31	2023/3/31	2024/3/31	2025/3/31				
6		フリーキャッシュフロー	(1,200)	100	200	300	400	500				
7		DF（割引係数）	1.00	0.91	0.83	0.75	0.68	0.62	<-- =1/(1+$C$3)^((H5-$C$5)/365)			
8		現在価値	(1,200)	91	165	225	273	310	<-- =H6*H7			
9												
10		NPV		(135)	<-- =SUM(C8:H8)							
11												

　したがって、図3-15のように日付を引き算（4行目）すれば、日数が出てくるわけです。たとえば、2020年4月1日を起点として、2025年3月31日は1,825日後だとわかります。

　割引係数の数式（7行目）の意味合いは、次の通りです。

　割引係数

　＝1/(1+割引率)^年度

　＝1/(1+割引率)^((日付−2020/4/1)/365)

　つまり、年度は、初期投資した2020年4月1日からの日数を365日で割り算することで算出するのです。お疲れさまでした。以上で中級編のお話は終了です。

■■■ NPV＝0になったら？

　NPV＝0になったら実務ではどうするかという質問がありました。ここでは、この質問に関する回答をご紹介したいと思います。実務では、少なくとも楽観シナリオ、ベースシナリオ、悲観シナリオといくつかのシナリオに基づいてNPVを計算します。これをシナリオ分析といいます。例え

ば、図3-16のようにそれぞれのNPVが楽観シナリオ500、ベースシナリオ300、悲観シナリオ△300になったとします。企業によっては、それぞれのシナリオの発生確率を30％、50％、20％などと併記します。合計は100％になります。

■（図3-16）シナリオ分析（例）

シナリオ	NPV	発生確率	期待NPV
楽観シナリオ	500	30%	
ベース	300	50%	240
悲観シナリオ	△300	20%	

■■■ 期待NPVは実務では使わない？

ファイナンスのテキストの中には、期待NPVといって、各シナリオのNPVを発生確率で加重平均しているものがありますが実務で使われることはありません。この例で言えば、期待NPVが240（＝500×30％＋300×50％＋△300×20％）となります。期待NPVがゼロよりも大きいから投資を実行すべきとはなりません。なぜならば、意思決定をする当事者にとって大事なのは、悲観シナリオに関する情報だからです。たとえ、悲観シナリオの発生確率が低いといっても、そのシナリオが現実になったときに企業にとって致命的な打撃を与える可能性もあり得ます。そんな場合は、経営者としては投資をしないという選択をすることもあり得ます。**悲観シナリオは経営者がリスクをどこまでとるか意思決定するのに大切な情報なのです。**さらに実務では、楽観シナリオはいりません。なぜなら、現場の方々から上がってくる事業計画は、既に楽観的だからです（笑）。わ

ざわざ楽観シナリオを作成させる必要はありません。

■■■ 多くの会社では代替案の策定がされていない

　現場の方々にわざわざ楽観シナリオを作成してもらう必要はないと言いました。そのかわりに作成していただきたいのが**代替案**です。これは、多くの会社でできていません。投資をしなかったら、どういう打ち手が考えられるか。現場の方々は今、目の前にある投資案件をやりたいのです。「代替案は？」と聞くと、「それは上申前に十分検討した。その結果として、投資すべきとなった」と答えるのが関の山です。やりたい人たちに、やらなかったらどうするかというのは黙っていては出てきません。代替案はわざわざ経営サイドから言って出させないといけません。

■■■ 投資検討段階では、
　　　現場レベルの話はしてはいけない

　さて、話は変わります。ときどき、こんなことをおっしゃる方がいます。「シナリオの発生確率なんてわからないのではないですか」。開き直るわけではないですが、わかるわけがありません。わからないからこそ、投資検討の場でディスカッションをするのではないでしょうか。
　私はこれまで何社かの投資検討の場にオブザーバーとして参加しました。しかし、残念ながら、議論すべきことがわかっているとはとても思えませんでした。役員の方々は、自分の得意分野に目がいきがちです。例えば製造出身の役員は「この設備のスペックはこれでいいのか？」といきなり些末な（失礼！）質問をしたりします。営業出身の役員は、販売施策の内容についてツッコミを入れたりします。待ってください。役員がわざわざ集まって話をするのですから、現場レベルの話ではなく、全社戦略の中

で、この投資の位置づけはどうなのか。あるいは、この悲観シナリオの前提条件はどのように考えているのか。うまくいかなかった場合に当社として打ち手[8]はどのようなことが考えられるのか。上手くいかなかった場合の見極めはどうするのか等々の議論をしてほしいのです。

■■■ 稟議書のフォーマットを変えて論点をしぼる

　検討すべきことを議論するためには、投資案件の稟議書のフォーマットから変えることも一案です。例えば、ある企業では、稟議書上で役員に議論してほしい論点をあらかじめ明確にするようにしています。

　ある電機メーカーでは、社長の鶴の一声で、投資案件の稟議書はパワーポイント15枚から20枚に抑えること、さらにワンスライド・ワンメッセージを徹底するというルールになりました。

　当然、現場の方々は、社長の指示通りの稟議書を仕上げます。ですが投資検討会の前には、事前に部長や本部長クラスに投資案件を説明することになります。稟議を上程する担当者がスライドに書いていないことを説明すると、

本部長：今の説明はどこに書いてあるんだ？
担当者：いえ、どこにも書いてありません。
本部長：ちゃんと資料に書いておけよ。
担当者：はい。

という感じでスライドの中には情報が盛りだくさんとなり、いつの間にかもとに戻ってしまったということがありました。なかなか現実は難しいと

---

[8] いわゆるプランBと言われるバックアッププランのことです。

ころです。

■■■ ファイナンスはコミュニケーションの道具?

「前提条件の数字を少し変えるだけでNPVはプラスになりますよね。単なる数字遊びではないですか」。そんなことを言う方もいます。

かつての私はNPV、もっと言うと、ファイナンスが、正解を導き出せる万能の道具だと考えていたところがあります。でも、それは間違っていました。**ファイナンスは、あくまでもコミュニケーションの道具です。正解を導き出すための道具ではないのです。**

コミュニケーションの道具であるファイナンスを使ってNPVが出てきたときに、大事なのはその前提条件です。

- どのような前提条件でNPVがプラスになっているのか
- その前提条件がどのくらい蓋然性が高いものなのか
- その前提条件が下振れしたときにどこまでいくのか

ファイナンスというコミュニケーションの道具を使いながら、こういう議論をするのが大切なのです。ということで、NPV = 0 だったらどうなるのかという質問がいかに的外れか、おわかりいただけるのではないでしょうか。

■■■ 割引率とNPVの関係

図3-17は割引率を変化させたときにNPVの値がどのように変化するかをグラフにしたものです。

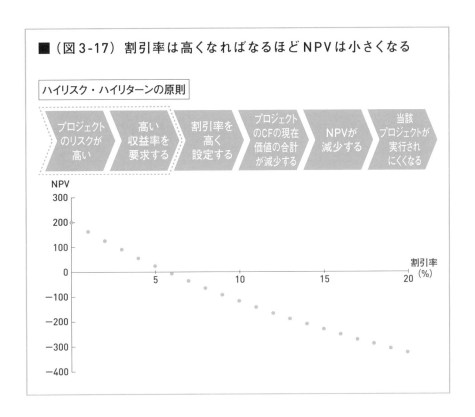

■（図3-17）割引率は高くなればなるほどNPVは小さくなる

ハイリスク・ハイリターンの原則

| プロジェクトのリスクが高い | 高い収益率を要求する | 割引率を高く設定する | プロジェクトのCFの現在価値の合計が減少する | NPVが減少する | 当該プロジェクトが実行されにくくなる |

　割引率が高くなれば、NPVがどんどん小さくなっていくのがわかります。皆さんにご理解いただきたいのは、リスクが高いプロジェクトに対面したときの思考のプロセスです。

　私がファイナンスを勉強し始めたときは、何もわからずに「プロジェクトのリスクが高いから割引率を高く設定する」と覚えていました。そうすると現場では使えません。どういうことかというと、プロジェクトのリスクが高い→高い収益率（リターン）を要求する。ここにハイリスク・ハイリターンの原則があることが大事なのです。

　皆さんの会社が実際にどうなのかわかりませんが、これからは、事業ごとに割引率を設定するのがあたり前になるでしょう。皆さんの会社でも、

本業とはまた別に新規事業を検討する機会もあるかもしれません。その場合、割引率は本業の投資判断に使うものと別に考えなくてはなりません。なぜなら、本業と新規事業では事業リスクが違うからです。

　皆さんが事業責任者だとしましょう。仮に自分の担当している事業の割引率が高く設定されているとしたら、事業リスクが高いと本社から思われていることを意味します。割引率が高いと、NPVがプラスになりにくくなります。それだけ投資をしにくくなるのです。皆さんには、割引率が高く設定されている理由を本社ときっちり議論していただきたい。そして、事業責任者として納得の上、割引率を使うためにも単純に**リスクが高いから高い割引率を設定すると覚えるのではなく、ハイリスク・ハイリターンの原則がある**ことを皆さんにはご理解いただきたいのです。

■■ 感度分析の現場での使い方

　変数（ここでは割引率）が変化したときに見たい結果（ここではNPV）がどう変化するかを見ることを感度分析といいます。感度分析はExcelのデータテーブルという機能を使うと便利です。図3-18は割引率だけでなく、初期投資額を同時に変化させたときにNPVがどうなるかを計算した結果です。

　現在の前提条件は、割引率10％、初期投資額が1,200（Excel上ではカッコ表示）になっています（図3-18）。ちょうど、表の交わるところがNPV（135）となっていることがわかります。

　大事なことはこの結果を使って何をどう議論するかです。例えば、こんなことを想像してみましょう。皆さんはこのプロジェクトをどうしてもやりたいと思っています。いろいろと手を尽くして調査したり、取引先と交渉した結果、初期投資額を1,000に削減できることがわかったとしましょう。割引率10％、初期投資額（1,000）の交わるところを見るとNPVが65

■（図3-18）感度分析

		初期投資額			
	(135)	(1,000)	(1,100)	(1,200)	(1,300)	(1,400)
5.00%	257	157	57	(43)	(143)
6.00%	215	115	15	(85)	(185)
7.00%	175	75	(25)	(125)	(225)
8.00%	137	37	(63)	(163)	(263)
9.00%	100	0	(100)	(200)	(300)
10.00%	65	(35)	(135)	(235)	(335)
11.00%	32	(68)	(168)	(268)	(368)
12.00%	0	(100)	(200)	(300)	(400)
13.00%	(30)	(130)	(230)	(330)	(430)
14.00%	(59)	(159)	(259)	(359)	(459)
15.00%	(87)	(187)	(287)	(387)	(487)

（割引率）

とプラスになっています。この結果を持って、部長に直談判することにしました。

皆さん：部長、先日の投資検討会を通らなかった案件ですが、その後、初期投資額を1,000に削減できることがわかったんです。この感度分析の結果、ご覧ください。初期投資額が1,000だとすると、NPVがマイナス135だったものが、65とプラスになるんです。ぜひ、もう一度トライさせてください。

部長：確かにわが社のルールでは割引率は10％となっている。ただ、私個人としては、このプロジェクトは今まで我々が手掛けてきた案件と比較して事業リスクが高いと思うんだ。最低でも13％は要求したいところだ。割引率13％だとすれば、君たちがいくら初期投資を1,000に削減できたところで、NPVはマイナス30だ。あまり、気が進まないな。

こんなカッコいいことを言う部長の下で働きたいなという感じですが、

なかなかいないかもしれません。だからこそ、皆さんには、こんなカッコいい部長になっていただきたいのです。前提条件の数値を振らせてみて、結果がどうなるのか、ディスカッションできるように感度分析を活用していただければと思います。

■■■ 日産自動車が使っていた投資判断ルール

私が日産自動車にいた当時、投資判断はNPV-Rを使っていました[9]。これはフリーキャッシュフロー（IN）の現在価値の合計をフリーキャッシュフロー（OUT）の現在価値の合計で割って求めました。言いかえれば、分子にくるのが手に入れるもの（価値）、分母には差し出すもの（価格）です。このNPV-Rが1.5を超えるかどうかで投資判断していました。簡単に言うと、100円差し出すのであれば、1.5倍[10]の150円以上の価値のものを買いなさいということです。普通のNPVは、100円差し出すのなら、100円より価値があるものを買ってきなさいということです。NPV-Rは通常のNPVルールよりも厳しいと言えます。

■（図3-19）かつての日産自動車の投資判断ルール

NPV - R ≧ 1.5 を判断の目安とする

$$NPV\text{-}R = \frac{フリーキャッシュフロー（IN）の現在価値の合計}{フリーキャッシュフロー（OUT）の現在価値の合計}$$

---

[9] あくまでも私が在籍していた2005年当時です。
[10] 「NPV-R≧1.5」の1.5という数字は当時、ルノーと日産自動車のエグゼクティブコミュニティとの協議で決まったという話を聞いたことがあります。数字の根拠など確かなことはわかりません。

■■■ これからの時代は 「NPV」ではなく「リアルオプション」

NPV法の特徴には、プロジェクトのキャッシュフローに「時間価値」の考え方を反映できること、また割引率にプロジェクトのリスクを反映できることがあります。NPV法は最も優れた投資判断手法とされているにもかかわらず、諸外国では、今やトラディショナルメソッド（伝統的手法）と言われています。残念ながら、NPV法はもはや古いのです。今やるかやらないかの投資判断しかできないからです。NPV法はNow or Neverの投資判断と言われています。

実際は投資後に予想よりもうまくいったら追加投資する。うまくいかなくなったらてこ入れする。それでもダメなら撤退する。このように、投資実行した後、いろいろな選択肢があるわけです。本来、NPV算定時の事業計画のように固定されているものではありません。NPV法は、経営の自由度の価値を評価できません。

私の友人の山口揚平さんはその著書[11]の中で面白法人カヤックCEOの柳澤大輔氏の「アイデアがある人は悩まない」という言葉を紹介し、「代替案（プランB）を持っている人は安心して生活できる」と言っています。複数の選択肢がある人は1つの案に執着しないから幸せでいられるのです。つまり、**オプション、選択肢があることは価値があるのです。なぜなら1つのものにしばられる必要がなく選択できる自由があるからです。** この経営の自由度の価値[12]を定量化するという試みがリアルオプションの考え方です。

---

[11]『1日3時間働いて穏やかに暮らす思考法』（プレジデント社）
[12] この経営の自由度の価値のことをオプションバリューと言ったりします。

製薬業界でリアルオプションが使われている理由

　リアルオプションを活用している業界は、製薬です。新薬の開発プロセスは、研究と開発に大きく分けられます。開発段階では、フェーズ1、2、3という定められた臨床試験のステップがあり、段階的に進められます。前の段階で成功した薬剤のみが次のステップに進めることができます。途中、開発中止や方向転換を余儀なくされることも多く、製造販売の承認取得までの確率は低いわけです。一製品の開発コストは数百億円、新薬が世に出るまでに9〜16年かかると言われています[13]。

　こうしたリスクの高さから、経営の自由度を考慮しない従来のNPV法では、NPVがプラスになることはありません。そういった背景もあって、製薬業界ではリアルオプションが使われるのでしょう。

IRR法による投資判断

　NPV法以外にも、プロジェクトの投資判断指標はあります。NPV法と並んで代表的なのはIRR（内部収益率）法です。IRRはInternal Rate of Returnの頭文字をつなぎ合わせた言葉で、**NPV（正味現在価値）がゼロになるような割引率**です。言いかえれば、支払う価格と受け取る価値がちょうど同じになる割引率と言えます。「だから何？」と思ったのはあなただけではありません。かくいう私も初めてIRRを教わったときには、同じように思いました。実は、このように定義を理解していても実務では使えません。簡単に言えば、**IRR（内部収益率）とは預金の運用利率**と考えればいいのです。

---

[13] 日本製薬工業協会。

　具体的にご説明しましょう。今、ここに1,000万円の投資で3年間にわたって500万円ずつキャッシュフローが得られるプロジェクトAがあるとします（図3-20）。このプロジェクトのIRRはIRR関数を使えば23.4％（セルG6）と簡単に計算できます。

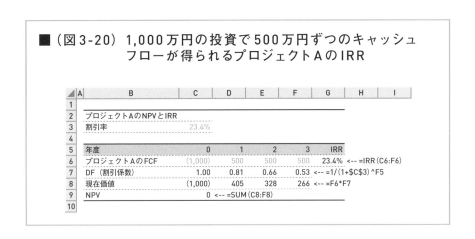

■（図3-20）1,000万円の投資で500万円ずつのキャッシュフローが得られるプロジェクトAのIRR

　念のため、NPVも計算すると、割引率23.4％でNPVはゼロ（セルC9）になっていることがわかります。IRRはNPVがゼロとなる割引率ですから、当たり前と言えば、当たり前です。

　ここからが本題です。実は、1,000万円を利率23.4％の預金口座に預けることによってもこのプロジェクトと同じキャッシュフローを作り出すことができるのです。

　例えば、2020年1月1日に銀行に1,000万円を預けるとします。大晦日までに234万円の利息がつきます。大晦日に500万円を引き出します（口座からなくなるのでマイナスがついています）。これは500万円のキャッシュフローを受け取ることと同じです。残高734万円は翌日の2021年1月1日に引き継がれます。次の大晦日には、734万円に172万円の利息がつきます。

このようにして3年間500万円を受け取ると口座残高はゼロになります。プロジェクトAと同じキャッシュフローパターンであることに気づくでしょう。

■（図3-21）IRR23.4％のプロジェクトと利率23.4％の預金口座に預けることは同じ

（単位：万円）

年度	①預金残高 （1月1日）	②利息 （①×23.4％）	③引出し額	預金残高 （12月31日） （①＋②＋③）
2020年	1,000	234	−500	734
2021年	734	172	−500	405
2022年	405	95	−500	0

　繰り返しになりますが、IRR23.4％のプロジェクトというのは、23.4％の預金口座にお金を預けて運用することと同じです。

　次に議論すべきは、最初に預けた1,000万円を何パーセントで調達してきたかです。例えば、消費者金融から利率30％で資金調達してきて23.4％の預金口座に預けたら、ばかって言われます。
　だからこそ、**このIRRは企業の調達コストであるWACC（ワック）と比較する必要がある**のです。

　IRR法のルールは一般的に次のように説明されます。

　　IRR＞割引率→企業はそのプロジェクトに投資すべき
　　IRR＜割引率→企業はそのプロジェクトを却下すべき

　割引率はWACC（ワック）を使います。WACCは投資家の要求収益率です。ここでも割引率と要求収益率は表裏一体で同じものだという関係が出てきます。

　つまり、以下のような関係にあります。

　割引率＝投資家の要求収益率＝WACC（企業の調達コスト）

　このように、IRR法を使ってプロジェクトの投資判断を行う場合、企業の資金調達コストであるWACCを判断基準にする必要があります。ところが実際には、WACCの計算をしていない企業が実に多いのです。IRRを計算しているだけで事足れりとしてしまっているわけです。

　では次に、IRR法における投資の意思決定のプロセスをおさらいしてみましょう。

① 　そのプロジェクトが生み出すキャッシュフローを予測する
② 　プロジェクトのIRRを計算する
③ 　IRR＞割引率ならば投資を実行し、IRR＜割引率ならば投資を
　　見送る

　まず、キャッシュフローを予測するのはNPV法の場合と同じです。そしてプロジェクトのIRRを計算して、割引率と比べて大きければ投資実行、低ければ投資を見送るわけです。そして、繰り返しになりますが、

　割引率＝投資家の要求収益率＝WACC（企業の調達コスト）

という関係になっています。

■■■ NPV法とIRR法の関係

　IRR（内部収益率）は何となくわかっていただけたと思います。ただ、先ほどのNPVとはどんな関係があるのか。そんな風に思った方もいらっしゃるかもしれません。結論から言えば、NPV法で投資判断しようがIRR法で投資判断しようが、全く同じことです。図3-22のグラフの曲線と横軸（NPV=0の線）とが交わる割引率がIRRです。もし、ケース①のように割引率がIRRより低い場合は、NPVはプラスになります。反対に、ケース②のように割引率がIRRより大きければ、NPVはマイナスになります。結局のところ、IRRと割引率を比較することは、そのプロジェクトのNPVがプラスになるか、マイナスになるかを判断していることになるのです。

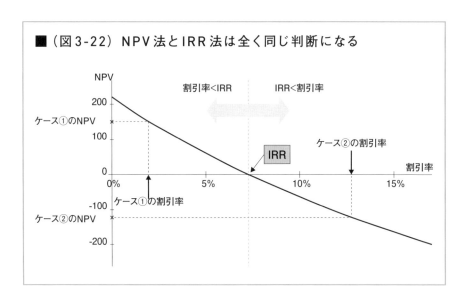

■（図3-22）NPV法とIRR法は全く同じ判断になる

■■ ハードルレートはWACCではない

　実務ではハードルレートという言葉を知っておいて下さい。ハードルレートのハードルは陸上競技のハードルと同じです。投資判断の際に皆さんが跳び越えなければいけないハードルです。**投資を実行するのに、最低限必要な収益率のことをハードルレートといいます**。ハードルレートは企業の調達コストであるWACC（ワック）より高く設定すべきです。

$$ハードルレート = WACC（ワック）+ α（経営の意思）$$

　つまり、WACCに経営の意思として α（アルファ）を乗せたものと言えます。また日産自動車の例で恐縮ですが、具体的に説明しましょう。

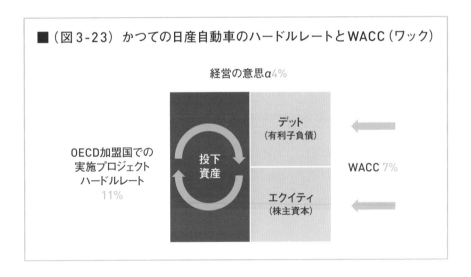

■（図3-23）かつての日産自動車のハードルレートとWACC（ワック）

経営の意思α 4%

OECD加盟国での
実施プロジェクト
ハードルレート
11%

デット
（有利子負債）

投下
資産

WACC 7%

エクイティ
（株主資本）

　デット（有利子負債）とエクイティ（株主資本）で右側から調達し、左側の投下資産[14]でぐるぐる回しています。このときの資金調達コスト、すな

14 105ページで説明していきます。

167

わちWACCは7%であると、当時の財務部はゴーンさんに推定値を報告しています。それに対してゴーンさんは、OECD加盟国で実施するプロジェクトは11%の割引率を使えと言いました。つまり11%の要求収益率ということです。ゴーンさんとしては、資金調達コスト7%に経営の意思として4%乗せて11%のハードルをわれわれに課したのです。このハードルレートを投資判断の割引率に使うことになります。ハードルレート（割引率）は、WACC＋α（アルファ）なのです。7%で資金調達して7%でぐるぐる運用しても、当たり前ですが何も生まれません。7%よりも少しでも高くする必要があります。**WACCに＋α（アルファ）したものを投資判断のハードルレート（割引率）とする**。よろしいでしょうか。

IRR法は優先順位付けには使えない

IRR法には注意すべき点があります。例を挙げてみましょう。選択肢AとBでは、皆さんどちらを選びますか。

A：私に今100円をくれたら、1週間後に150円にしてお戻しします。
B：私に今1,000円をくれたら、1週間後に1,100円にしてお戻しします。

いかがでしょうか。皆さんが、選択肢Aを選んだとしたら残念ながら間違いです。選択肢Aは、収益率が50% $\{=(150-100)/100\}$、選択肢Bは収益率が10% $\{=(1,100-1,000)/1,000\}$ になります。収益率が高いと考えて、選択肢Aを選ぶ方がいらっしゃいますが、間違いです。

企業価値という観点からすれば、受け取る金額が大きい選択肢Bを選ぶべきです。経営者の目指すべきゴールは何かと言えば、それは企業価値を高めることです。「率」を高めるのではなく、企業価値の「額」を増やす

ことが大切です。言いかえれば、プロジェクトの利回りが単純に高くて
も、企業価値に与えるインパクトが小さくては意味がありません。大切な
ことを言います。**IRR法は投資の優先順位付けには使えない**ということで
す。

　昔から中小企業の社長の間ではこんなことが言われているそうです。**経
営は率より額が大切**。ご理解いただきたいのは、率が重要ではないという
ことではありません。率だけを見て意思決定すると間違えることがあると
いうことです。率と額の両方を見ることが大切です。

　ある電力会社の投資担当の方がおっしゃっていました。電気やガスの自
由化が進み、競争が激しい市場環境になってきました。こういった背景も
あり、電力事業以外に、いろいろと新規事業をやらなければいけません。
「社長や役員からすれば、新規事業のIRRが30％、従来の電力事業では
IRRが5％となると新規事業がいいように考えてしまう」というのです。
この点もIRRの注意すべき点です。リスクの違いが見えないのです。重要
なのは、リスクに見合ったリターンなのかです。いろいろな事業をやって
いる企業の場合、経営者は、そのことを忘れてしまいがちです。どんなと
きでも忘れてはいけないのは、**リスクに見合うリターンがあるか**です。
IRRの数字そのものでは何も言えません。ハードルレート[15]と比較して初
めて投資判断が可能なのです。

IRR法には、ある前提が隠れている

　さらにIRRには、注意すべき点があります。それは、プロジェクト期間
中に得られるフリーキャッシュフローをIRRで再投資できるという前提が

[15] このハードルレートは、電力事業と新規事業では違うものにすべきです。詳細は後ほど説明
します。

あることです。

なんのことか、これではわかりませんね。具体的にお話しましょう。

まずは、図3-24をご覧ください。これは図3-20で扱ったプロジェクトAのフリーキャッシュフローを表したものです。このプロジェクトのIRRは先述した通り23.4％となります。

■（図3-24）1000万円の投資で3年にわたって500万円ずつ
　　　　　フリーキャッシュフローが得られるプロジェクト

IRR＝23.4％

500　500　500
1年度　2年度　3年度

現時点

1,000

これを違った角度から見てみましょう（図3-25）。このプロジェクトで得られる500万円をプロジェクトが終了する3年度まで2年間23.4％で運用すると、プロジェクト終了の3年度時点の将来価値は761万円となります。

そして、2年目に得られる500万円のキャッシュをプロジェクト終了まで1年間23.4％で運用すると3年度時点で617万円になります。そして、3年目に得られる500万円との合計は1,878万円になります。これは、初期投資1,000万円を23.4％で3年間運用した場合の将来価値と同じ値です。

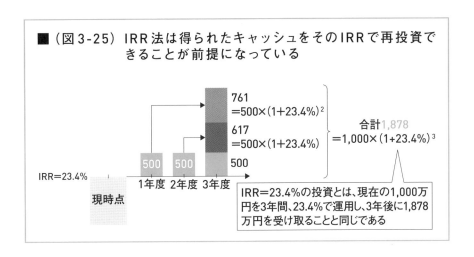

■（図3-25）IRR法は得られたキャッシュをそのIRRで再投資できることが前提になっている

761
=500×(1+23.4%)²

617
=500×(1+23.4%)

合計1,878
=1,000×(1+23.4%)³

500

IRR=23.4%

現時点　　1年度　2年度　3年度

IRR＝23.4％の投資とは、現在の1,000万円を3年間、23.4％で運用し、3年後に1,878万円を受け取ることと同じである

これは何を意味するのでしょうか。

　1年目と2年目に得られる500万円というキャッシュを仮に金庫に寝かせておくと、23.4％というIRRは達成できないことを意味します。私たちが考えるべきなのは、**そのプロジェクト期間中に同じIRRで再投資できるような投資機会があるのか**ということです。

　例えば、IRR15％の不動産投資を考えてみましょう。果たして当該不動産から得られるキャッシュフローを受け取る都度、IRR15％以上を生み出す他の不動産に投資できるでしょうか。繰り返しになりますが、IRR15％はその投資期間に得られるキャッシュを投資期間終了時までに15％で再投資できて初めて達成できる数字であるということです。

　特に、発電所や道路などインフラに投資する場合、20年や30年もの長期のキャッシュフローを予測してIRRを計算します。仮にそのプロジェクトのIRRが15％と算定されたとします。それは20年、あるいは30年の間に得られるキャッシュフローがそのプロジェクト終了まで15％で再投資できて初めて達成できる数字なのです。長期にわたって15％で再投資で

きる案件がその都度あるというのは現実的ではありません。

　IRRのこの隠れた前提を理解している人は少数派です。ただ、この本を
ここまで読んでいる優秀なあなたには知っておいてほしいことです。**IRR
が高いプロジェクトであればあるほど、注意しなくてはいけません。**なぜ
なら、そんな高い投資機会はおいそれと見つかるものではないからです。
結果的に当初計画していたIRRは達成できませんでしたということになり
かねません。

■■■ IRR法は、過大評価していることも

　この再投資の前提によって、IRR法は投資によって現実に生み出される
リターンを過大評価している可能性があります。

　図3-26のような投資期間が同じ2つのプロジェクトAとBがあるとしま
しょう。プロジェクトが生み出すキャッシュフローに違いはありますが、
両プロジェクトともIRRは15.2％で同じです。

　IRRを求める場合、事業から得られたキャッシュフローは、事業終了ま
でIRRと同率で再投資されると考えます。図3-26にあるように、事業年
度1から4に得られるキャッシュフローを年率15.2％で再投資すると、そ
の総額は年度5には2,032になります。これはプロジェクトBと同じキャ
ッシュフローになります。2つのプロジェクトのIRRが同じになるのはあ
る意味当たり前と言えます。

　それでは2つのプロジェクトのNPVはどうでしょうか。

　割引率を10％にした場合のプロジェクトAのNPVは137とプロジェク
トBのNPV262の半分近くの価値しかありません。確かにプロジェクトA
の方がBと比較して早期にキャッシュフローを回収できるというポジティ
ブな側面はあります。ただ、**キャッシュフローが早期に生まれるプロジェ**

■（図3-26）投資期間が同じプロジェクトA・B

A	B	C	D	E	F	G	H	I	J
1									
2	IRRの過大算出								
3	割引率	10.00%							
4									
5	年度	0	1	2	3	4	5	IRR	NPV
6	Project AのFCF	(1,000)	300	300	300	300	300	15.2%	137
7	Project BのFCF	(1,000)	0	0	0	0	2,032	15.2%	262
8									
9	Project AのFCFの再投資		300	0	0	0	529	=300*(1+15.2%)^4	
10				300	0	0	459	=300*(1+15.2%)^3	
11					300	0	398	=300*(1+15.2%)^2	
12						300	346	=300*(1+15.2%)^1	
13							300	=300*(1+15.2%)^0	
14							2,032		

クトでは、計算上回収後の再投資も考慮することから、結果的に投資利回りが過大に算出されることを私たちは覚えておく必要があるのです[16]。

■■■ MIRR関数を使うという新提案

　IRRには、獲得した各年度のフリーキャッシュフローをプロジェクト終了時までIRRで再投資できる投資機会が存在するという隠れた前提があるという話をしてきました。

　例えば、0年度に1,000万円という投資を行い、3年間にわたって500万円というキャッシュインがあるというプロジェクトAは、3年目に1,878万円のキャッシュインがあるプロジェクトBと同じIRR23.4%になります。

---

[16] なんだかIRRは難しいなと思ったあなたには、悪いことは言いません。投資判断はNPVにしましょう。

■（図3-27）プロジェクトA・B・Cのキャッシュフローと IRR

IRR					
年度	0	1	2	3	IRR
プロジェクトAのCF	(1,000)	500	500	500	23.4%
プロジェクトBのCF	(1,000)	0	0	1,878	23.4%
プロジェクトCのCF	(1,000)	0	0	1,500	14.5%

　反対にプロジェクトCのように、得られた500万円を再投資せずに手元に置いておくとすると、3年目に1,500万円のキャッシュインがあるプロジェクトと同じIRRになるはずですから、IRRは結果的に14.5%まで落ち込むということです。

　このようにIRRというのは再投資の前提が見えない形になっています。そこでMicrosoft社は再投資の前提を考慮できるMIRR関数を用意してくれました。MIRRの頭文字MはModified（修正された）の意味です。

■（図3-28）MIRR関数は、再投資の利率を設定できる

修正IRR					
安全利率（借入）	0.0%				
危険利率（再投資）	23.4%				

年度	0	1	2	3	MIRR
プロジェクトAのCF	(1,000)	500	500	500	23.4%

　このMIRR関数の引数は、「安全利率」[17]と「危険利率」となっていて名前はわかりにくいのですが、「危険利率」で再投資の利率を設定すること

[17] 安全利率はあまり使うことはありませんが、途中でキャッシュフローがマイナスになった場合の調達コストを設定する場合に使用します。

ができます。当たり前ですが、再投資の利率を23.4%に設定すれば、修正IRRは23.4%になります（図3-28）。

　仮に再投資することができなかった（＝再投資の利率がゼロ）場合は、修正IRRは14.5に落ち込むことになります（図3-29）。図3-27のプロジェクトCのIRRと同じです。

■（図3-29）再投資の利率がゼロの場合

修正IRR					
安全利率（借入）	0.0%				
危険利率（再投資）	0.0%				

年度	0	1	2	3	MIRR
プロジェクトAのCF	(1,000)	500	500	500	14.5%

　成長ステージにある企業は得られたキャッシュをむやみに寝かせておくようなことはしないはずです。私がお勧めしているのは、**その事業のハードルレートを再投資率とすること**です。これはプロジェクトから入ってきたキャッシュは、他のプロジェクトで回して少なくともハードルレートの利回りを得ることができるという前提に立っています。つまり、NPV法の再投資率の仮定と同じにするということです（後述します）。

　例えば、ハードルレートを10%として、ハードルレートで再投資すると仮定しましょう。この内部収益率は、18.3%となります（図3-30）。

修正IRR				
安全利率（借入）		0.0%		
危険利率（再投資）		10.0%		

年度	0	1	2	3	MIRR
プロジェクトAのCF	(1,000)	500	500	500	18.3%

　通常のIRR23.4％の横に修正IRR18.3％を併記しておくことがマネジメントの意思決定には役立つのではないでしょうか。

　もしかしたら、プロジェクトが生み出すキャッシュはコーポレート部門が管理しているから営業の自分には関係ないとお考えの方もいらっしゃるかもしれません。しかし、**企業の事業ステージ、事業環境によっては、プロジェクトで得られたキャッシュを有効活用できない場合もあるでしょう。そして、そのことを一番理解しているのは担当しているご自身かもしれません。**投資を実行するために指標の数字を無理やり作りにいくのでなく、その指標の持つメリット・デメリットを理解し、適切に運用することが大切です。

■■■ 再投資のカラクリ

　IRR法はプロジェクト期間中に得られるキャッシュフローをIRRで再投資できるという前提になっているという話をしました。その理由について、ご説明します。数式を見てなにかイヤな予感がした方は読み飛ばしていただいても全く問題ありません。

　現時点でCF_0を投資して、1年後にCF_1、2年後にCF_2、3年後にCF_3のキャッシュフローがもたらされるプロジェクトを考えてみましょう。このときのハードルレート（割引率）をrとするとNPVは次の式で求めることがで

きます。

$$NPV = -CF_0 + \frac{CF_1}{(1+r)} + \frac{CF_2}{(1+r)^2} + \frac{CF_3}{(1+r)^3} \qquad ①$$

IRRとはこのNPVがゼロになる割引率ですから次のように式が変形できます。

$$NPV = -CF_0 + \frac{CF_1}{(1+IRR)} + \frac{CF_2}{(1+IRR)^2} + \frac{CF_3}{(1+IRR)^3} = 0 \qquad ②$$

言い換えれば、次の式③を満たすような割引率がIRRです。

$$-CF_0 + \frac{CF_1}{(1+IRR)} + \frac{CF_2}{(1+IRR)^2} + \frac{CF_3}{(1+IRR)^3} = 0 \qquad ③$$

$$CF_0 = \frac{CF_1}{(1+IRR)} + \frac{CF_2}{(1+IRR)^2} + \frac{CF_3}{(1+IRR)^3} \qquad ③'$$

式③′の両辺に$(1+IRR)^3$を掛ければ、式④になります。

$$CF_0 \times (1+IRR)^3 = CF_1 \times (1+IRR)^2 + CF_2 \times (1+IRR) + CF_3 \qquad ④$$

　式④を見ると、CF_0を3年間IRRで運用した場合の将来価値$CF_0 \times (1+IRR)^3$とCF_1を2年間運用した場合の将来価値とCF_2を1年間運用した場合の将来価値とCF_3を合計したものが同じになることがわかります。この等式を成り立たせるIRRを数学的に求めているわけです。

　それでは、NPVの場合はどうなるのでしょうか。NPVはハードルレート（割引率）をxとすると、式⑤で計算できます。

177

$$NPV = -CF_0 + \frac{CF_1}{(1+x)} + \frac{CF_2}{(1+x)^2} + \frac{CF_3}{(1+x)^3} \qquad —⑤$$

式⑤の両辺に $(1+x)^3$ を掛ければ、式⑥になります。

$$NPV \times (1+x)^3 =$$
$$-CF_0 \times (1+x)^3 + CF_1 \times (1+x)^2 + CF_2 \times (1+x) + CF_3 \qquad —⑥$$

この数式⑥は、どう理解したらいいのでしょうか。通常、NPVは現在（時点0）に時間軸を合わせてすべて現在価値に割り引いて算出します。上の式では時点を3年後に合わせて、NPVの3年後の将来価値を求めています。将来価値は、左辺の $NPV \times (1+x)^3$ で表されています。このNPVの将来価値は、それぞれのキャッシュフロー（初期投資 CF_0 を含めた）の3年後の将来価値の合計に等しいということを示しているのです。

この数式が意味することは、**NPVの場合の再投資率はハードルレート（割引率）である**ということです。

ここでまとめておきましょう。

> **IRR法は得られたFCFをIRR（内部収益率）で再投資する**
> **NPV法は得られたFCFをプロジェクトのハードルレート（割引率）で再投資する**

という隠れた前提がそれぞれの方法にはあるということです[18]。

---

[18] IRRの再投資の隠れた前提の話をすると、こんな質問をされる方がいます。「IRRは預金の運用利率と同じということでした。図3-21で引き出した500万円も再投資されているということでしょうか」。おっしゃる通り、23.4％で再投資されている前提になっているということです。

■■■ IRR法よりNPV法の方が実務では現実的

　それでは、IRR法とNPV法のどちらの前提が妥当だと言えるでしょうか。実際のプロジェクトでは回収されたキャッシュがIRRと同じ収益率で他のプロジェクトにすぐ再投資されることはありません。特にプロジェクトファイナンスなどのキャッシュフローが長期間にわたる場合はキャッシュの回収の都度、同じ収益率で再投資できる案件を見つけるのは不可能です。したがって、IRRをそのまま使うときは注意が必要です（再投資の問題を解消する方法として、先ほどご説明しましたMIRR関数があります）。

　NPV法の再投資の前提は、ハードルレート（割引率）です。企業は、ハードルレートを上回るプロジェクトがあれば、そのプロジェクトに投資することになります。もちろん、キャッシュ回収の都度、投資案件があるのかという問題は残りますが、NPV法の再投資の前提が企業のハードルレートですので、IRR法よりNPV法の方が現実に合っているでしょう。

■■■ 日本企業のほとんどが「回収期間法」を使用している

　NPV法、IRR法以外の投資判断指標に回収期間法があります。簡単に言えば、初期投資額を回収するまでの期間のことです。

　回収期間法の問題点は次の通りです。

①　お金の時間価値を無視している
②　プロジェクト全体のリスク要因を無視している
③　回収期間以降のキャッシュフローの価値を無視している
④　回収期間の基準が曖昧である

　このような問題があることから、あくまでも「プロジェクト選択上の1

つの尺度」でしかありません。それにもかかわらず、回収期間法は人気があり多くの製造業では今でも使われている方法です。

　図3-31は東証一部上場企業の投資判断手法に関するアンケート結果[19]です。

　製造業と非製造業では評価手法の順序に若干の違いはあるものの、ダントツで一番なのは、回収期間法です。8割から9割近くの企業がいまだに回収期間法を使っていることがわかります。NPV法で投資判断している企業は3割です。この調査結果は5年前とほぼ変わらないといいます。

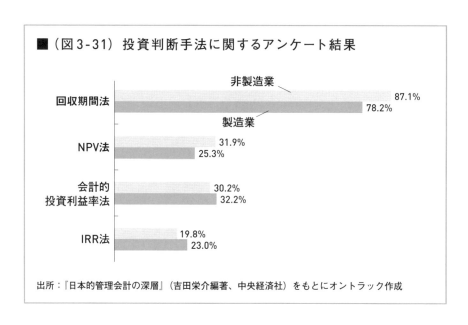

■（図3-31）投資判断手法に関するアンケート結果

出所：『日本的管理会計の深層』（吉田栄介編著、中央経済社）をもとにオントラック作成

　1999年にデューク大学のジョン・R・グラハム教授とキャンベル・R・ハーベイ教授が米国企業のCEOにアンケートをとっています。その結果、

[19] 『日本的管理会計の深層』（吉田栄介編著、中央経済社）「企業の設備投資の経済性評価手法」に関する調査結果（有効回答数：製造業116社、非製造業87社）です。調査は2014年1月に東証一部上場企業1,752社の製造業（847社）と非製造業（905社）を対象に行われました。

70%以上の企業がIRR法とNPV法を投資判断に使用していることがわかっています。

　20年以上も前のお話です。日本企業はあいかわらず、回収期間法がメインであるという調査結果は私としてはショックです。ただ、ゴーンさんもNPV-Rに回収期間を併記するよう求めましたから、経営者がざっくり何年で投資を回収できるか知っておきたい気持ちは理解できます。なので、回収期間法を採用するとしても、せめてキャッシュフローを適正な割引率で割り引いた上で回収期間を求めてほしいと思います。これを割引回収期間法といいます。お金の時間価値を反映し、割引率にプロジェクトのリスクを反映させることができます。したがって、先述した回収期間法の4つの問題点のうち、2つはクリアすることができます。ただ、割引回収期間以降のキャッシュフローの価値を無視すること。そして回収期間そのものの基準が曖昧であるという問題点は残ります。

　しかし、朗報があります。図3-32の割引回収期間3.4年という数字に意味が出てきました。この3.4年を境にこのプロジェクトは価値を創造し始

■（図3-32）回収期間法と割引回収期間法

	A	B	C	D	E	F	G	H	I		回収期間
1											
2		回収期間法									
3		年度		0	1	2	3	4	5		
4		キャッシュフロー（CF）		(600)	100	200	300	400	500		3年
5		累積CF		(600)	(500)	(300)	0	400	900		
6											
7		割引回収期間法									
8		割引率		10.00%							
9		年度		0	1	2	3	4	5		
10		キャッシュフロー（CF）		(600)	100	200	300	400	500		3.4年
11		DF（割引係数）		1.00	0.91	0.83	0.75	0.68	0.62		（割引回収期間）
12		現在価値		(600)	91	165	225	273	310		
13		累積CF		(600)	(509)	(344)	(118)	155	465		

めることを意味します。言いかえれば、価値創造分岐点となる期間なのです。そう考えると経営者の意思決定のサポートとなる情報にはなり得るでしょう。

■■■ NPV法が最も優れた手法

　結局のところ、NPV法は企業価値を高めるのに最も優れた投資判断手法だということです。IRR法や回収期間法には注意すべき点があります。そのことを認識した上で、あくまでもNPV法の補助的な手法として使用すべきでしょう。

　NPV法とIRR法のどちらでももちろん投資判断はできるのです。ただ、NPVは額指標、IRRは率指標です。企業が創造する価値の額を求められるのはNPVです。例えばNPV100億円の意味は何でしょうか。NPV100億円のプロジェクトを実行すれば、計画通りにいけば、現在の企業価値が100億円増えるということです。IRRがハードルレートを超えれば、価値を創造することにはなりますが、投資を実行することで価値がどれだけ増えるのかはわかりません。

　繰り返しになりますが、NPV法もハードルレート（割引率）で再投資が

■（図3-33）投資判断手法のまとめ

● NPV法は企業価値を高める投資を判断する上で優れた手法である

● NPV法やIRR法における投資判断基準とは

　NPV＞0であれば、投資実行、NPV＜0であれば、投資見送り
　IRR＞ハードルレートであれば、投資実行、IRR＜ハードルレートであれば、投資見送り

● IRR法や回収期間法には注意すべき点があることを認識した上で、あくまでも
　NPV法の補助的な手法として使用すべきである

できるという前提があります。ハードルレートで再投資ができると想定している NPV 法の方がプロジェクト固有の IRR で再投資できるという前提の IRR 法よりも、現実に合っているでしょう。

■■■ 事業ごとにハードルレートを設定した伊藤忠

　大手商社の中で、伊藤忠商事は 10 年以上前に事業ごとにハードルレートを設定しています。その時の日本経済新聞の記事が、非常にわかりやすいのでご紹介したいと思います。

　現金収支というのはフリーキャッシュフローのことです。最近の日本経済新聞は純現金収支という言い方に変わりました。「フリーキャッシュフローをベースにし、従来、国別で設けていた投資基準に加え、資源やインフラ分野など、事業ごとに細かく基準を設定。資源分野の中でも石油など投資対象ごとにきめ細かく分類し、リスク把握を的確にする。一方、生活関連やインフラ事業など安定的な収益に対しては…」。安定的とはどういうことでしょうか。ばらつきが小さいということです。つまり安定的な収益をもたらすというのは、事業リスクが低いということです。生活関連やインフラ事業など事業リスクが低い事業に対しては、過度のリターンを求めず、メリハリを付けると言っているわけです。こうすることで、注力分野のインフラ投資をしやすくし、資源関連で割高な投資を避けようとしているのです。

■（図3-34）日本経済新聞（2010年9月14日付）の記事

伊藤忠、事業別に投資基準

伊藤忠商事は新たな投資基準を導入した。現金収支をベースにし、従来、国別で設けていた投資基準に加え資源やインフラ分野など、業種ごとに細かく基準を設定。資源分野の中でも石油など投資対象ごとにきめ細かく分類し、リスク把握を的確にする。一方、生

活関連やインフラ事業など安定的な収益を生み出す事業に対しては過度のリターンを求めず、メリハリを付ける。

投資対象が将来稼ぎ出す現金収支の現在の価値を算出し、投資金額と比べて投資の是非を判断する。現在価値の算出に用いる「割引

リスク考慮しメリハリ
「資源」→「インフラ」へ

率」は従来、一律の基準にもインフラでも同基準で割国ごとのリスクを踏まえた数値を上乗せして設定していた。8月以降に検討を始めた案件では、国別に加え事業ごとに細分化した基準を設定する。

従来は一定の基準として設定した数値（8％）に加え、米国での投資ならば国別のレートとして数％を上乗せし、投資対象が資源で

引率を設定し投資判断していた。

今後は事業別に資源や金融不動産なら高く、インフラなら低くなど事業リスクに見合う投資ハードルを設け、国別のリスクも入れて判断する。注力分野のインフラ投資がしやすくなるほか、資源関連で割高な投資を避ける狙いだ。

184

■■■ カントリーリスクプレミアムの考え方

　カントリーリスクとは、テロ、内乱、あるいは政府による預金口座の突然の凍結により資金回収ができなくなるなど、その国特有のリスクのことをいいます。日産自動車は、OECD加盟国で実施するプロジェクトのハードルレートは11％、その他の国々では、カントリーリスクを考慮して、ハードルレートを高く設定していました。このリスクをとることの上乗せ分をカントリーリスクプレミアムといいます。

　一番簡単なカントリーリスクプレミアムの推定方法をご説明しましょう。それは**各国発行の長期国債利回りと、リスクフリーレートとの差をカントリーリスクプレミアムと考える**ということです。ここでのリスクフリーレートは、米国の財務省が発行した長期国債利回りです。対象国の国債の通貨は米ドルの必要があります。例えば、マレーシアのカントリーリスクプレミアムは、マレーシアの米ドル建て国債の利回りとリスクフリーレート（米国国債利回り）の差をカントリーリスクプレミアムと考えるのです。これはよく実務でカントリーリスクプレミアムを簡便的に推定するときに使われる方法です。

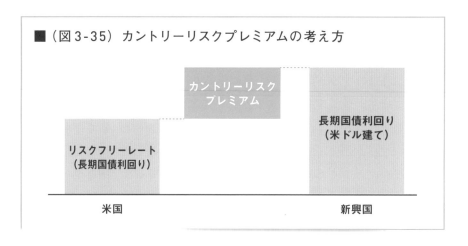

■（図3-35）カントリーリスクプレミアムの考え方

カントリーリスク
プレミアム

長期国債利回り
（米ドル建て）

リスクフリーレート
（長期国債利回り）

米国　　　　　　　　　　　　新興国

米国財務省の米ドル建ての国債利回りとの差をカントリーリスクプレミアムとするのはわかったとしましょう。では米ドル建ての国債を発行していない国はどうすればいいのでしょうか。確かにすべての国が米ドル建ての国債を発行しているとは限りません。その場合は、格付会社の格付が同じ国で米ドル建て国債を発行している国を探してきて代用します[20]。

■■■ ハードルレートが1つしかない総合商社の問題点

　総合商社で電力事業を担当する私の友人が投資案件がなかなか承認されないと嘆いていました。その総合商社の投資基準となるハードルレートは事業ごとに分かれていませんでした。総合商社のように事業リスクが異なる事業に投資をしている企業のハードルレートが1つだと、どのようなことが起きるのでしょうか。

　図3-36をご覧下さい。横軸が事業リスクで、縦軸がプロジェクトのリターンです。リスクフリーレートから斜めに延びた線は市場線といいハイリスク・ハイリターンの原則を表したものです。この総合商社のハードルレートが仮に10％だとしましょう。そして、電力発電所を建設し運営する事業（電力プロジェクトA）に投資をするとしましょう。発電所が完成するまでの完工リスクについては、建設請負業者が負うことになります。運営開始後は、電力購入契約によって決められた価格で電力購入者に販売されます。将来のフリーキャッシュフローのばらつきは私たちが想像するほどありません。つまり事業リスクが低いのです。例えば、電力プロジェクトAの期待されるリターンは8％だとします。総合商社として、市場線よりも高い収益率が要求できれば、経済合理性にかなった投資と言えます。電力プロジェクトAのリスクを前提とすれば、リターンが6％以上見込め

---

[20] カントリーリスクの考え方などクロスボーダーの企業価値評価は、『はじめての企業価値評価』（砂川伸幸・笠原真人著、日本経済新聞出版）を参考にするといいと思います。

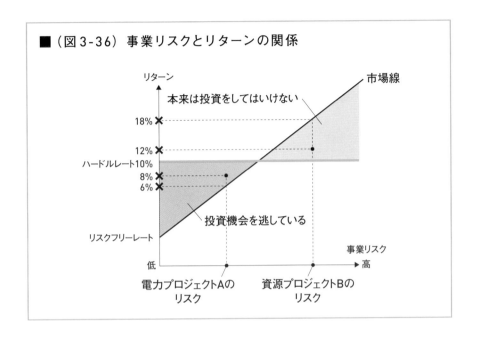

■（図3-36）事業リスクとリターンの関係

ればいいことになります。ところが、社内のハードルレートが10%なのでそれに達成しないプロジェクトはNGになってしまうのです。だから電力事業の友人が投資案件がなかなか採用されないと言って嘆いていたのです。図のグレーのところは、本来であれば投資すべきであるのにその機会を逃している領域です。

　では原油や鉄鉱石などの資源ビジネスはどうでしょうか。資源価格によって、将来のフリーキャッシュフローが大きくばらつく世界です。つまり、事業リスクが高いわけです。例えば、資源プロジェクトBの場合、本来であれば、総合商社としては、18%のリターンが見込めて初めて投資できる案件と言えます。ところが、期待リターンが12%とハードルレート10%を超えていることから、社内では投資OKになってしまいます。みどりの領域は、結果的に割高な投資になってしまう可能性があります。つまり、あるべき姿は**事業リスクに見合ったハードルレートを設定すべき**[21]

ということになります。

　ただ、自社の事業を細分化し過ぎるのも考えものです。例えば、事業が5つ、プロジェクト実施国が10カ国あるとすれば、5事業×10ヵ国で50個のハードルレートが出来上がってしまうからです。

■■ WACCよりも低いハードルレートはあり得るのか？

　ここまで、ご説明してきた通り、企業は、事業リスクに見合ったハードルレートを設定すべきです。WACC（ワック）は、その企業の平均的な事業リスクに見合ったものと言えます。したがって、平均的な事業リスクよりも低い事業に対するハードルレートは、資本コストよりも低く設定することはあり得ます。

$$ハードルレート＝WACC（ワック）＋\alpha（経営の意思）$$

と言いましたが、α がマイナスはあり得るということです。

　例えば、高リスク、中リスク、低リスクの3つのリスクカテゴリーの事業に投資をしている企業があるとしましょう。それぞれの資産額は3分の1ずつです。この企業のWACCは10％です。高リスク事業のハードルレートは18％、中リスク事業は12％、低リスク事業は6％だとしましょう。

　ハードルレートは要求収益率でもあります。この企業のそれぞれの資産の要求収益率を加重平均すると、$12\%\left(=18\%\times\frac{1}{3}+12\%\times\frac{1}{3}+6\%\times\frac{1}{3}\right)$ となります。つまり、WACC10％よりも高いので、それぞれの事業のハードルレートを超えるリターンを上げられる投資を実行すれば、結果的に企

---

21 事業のハードルレートの設定方法については、『企業価値向上のための資本コスト経営』（日本証券アナリスト協会、日本経済新聞出版社）を参考にして下さい。実務者向けに書かれている素晴らしい本です。

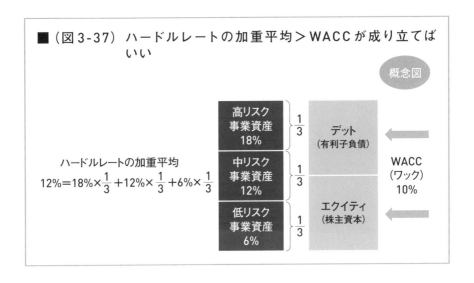

■（図3-37） ハードルレートの加重平均＞WACCが成り立てばいい

業価値を創造できることになります。ときどき、こんなことを言う方がいらっしゃいます。「WACC10％だとしたら、それより低い6％のリターンを目指す低リスク事業なんてやる意味あるんでしょうか。やめれば、ハードルレートの加重平均は15％$\left(=18\%\times\frac{1}{2}+12\%\times\frac{1}{2}\right)$になりますよね」。そうおっしゃる気持ちもわからないではありません。では、低リスク事業から撤退したとしましょう。**WACCは資産のリスクに応じて決まる**ことを忘れてはいけません。低リスク事業から撤退した企業に対しては、債権者と株主のリスク認識が高まるのではないでしょうか。低リスク事業は低リターンではあるものの安定的にキャッシュフローを生み出す事業だからです。ハイリスク・ハイリターンの原則から債権者と株主は高い収益率を要求することになります。つまり、WACCは高くなる可能性があるのです。

■ Amazonの投資哲学

　そして、皆さんにご紹介したいのは、Amazonの投資哲学です。これは

ジェフ・ベゾス

1997年に上場した際の「株主への手紙」の一部です。今でも、毎年のアニュアルレポートの「株主への手紙」の中でこの上場時の文章を掲載し続けています。それだけ、ジェフ・ベゾスCEOにとって思い入れがあるのでしょう。

「私たちはAmazonの成功を判断する基本的な評価基準が、長期的に私たちが創造する株主価値であると信じています」

「一般会計原則に基づく財務諸表の見栄えをよくするか、将来のキャッシュフローの現在価値を最大化するかを迫られたときは、キャッシュフローを優先します」と言っています。

カッコいいですね。利益ではなく、キャッシュフローを重視すると明言しています。さらに、「私たちは短期的な利益の追求やウォールストリートの反応よりも長期的なマーケットリーダーシップをとるために継続して投資を行います」と言っています。GAFA＋Mの中でも、営業利益率が1桁というAmazonは異色の存在です[22]。未来投資をやり続けているからですね。さらに、特筆すべきは、「私たちはプログラムや投資対効果を分析的に評価していき、許容できるリターンを生まないものからは撤退し、うまくいっている投資についてはさらに力を入れていきます。私たちは成功と失敗から学び続けます」の部分でしょう。

この文章でわかることは、Amazonには「撤退基準[23]」があるというこ

---

[22] 各社の営業利益率：Google21％、Apple 24％、Facebook 34％、Amazon 5％、Microsoft 37％
[23] 撤退という言葉は時として社長にネガティブに聞こえるようです。EXIT（出口）ルールと名前を変えてみるだけでも印象が変わります。

■ (図3-38) Amazonの投資哲学

We believe that a fundamental measure of our success will be the shareholder value we create over the longterm.
(私たちはAmazonの成功を判断する基本的は評価基準が、長期的に私たちが創造する株主価値 であると信じています)[24]

When forced to choose between optimizing the appearance of our GAAP accounting and maximizing the present value of future cash flows, we'll take the cash flows.
(一般会計原則に基づく財務諸表の見栄えを良くするか、将来のキャッシュフローの現在価値を 最大化するかを迫られたときはキャッシュフローを優先します)

We will continue to make investment decisions in light of long-term market leadership considerations rather than short-term profitability considerations or short-term Wall Street reactions.
(私たちは短期的な利益の追求やウォールストリートの反応よりも長期的なマーケットリーダー シップをとるために継続して投資を行います)

We will continue to measure our programs and the effectiveness of our investments analytically, to jettison those that do not provide acceptable returns, and to step up our investment in those that work best. We will continue to learn from both our successes and our failures.
(私たちはプログラムや投資対効果を分析的に評価していき、許容できるリターンをうまないものからは撤退し、うまくいっている投資についてはさらに力を入れていきます。私たちは成功と失敗から学び続けます)

We will make bold rather than timid investment decisions where we see a sufficient probability of gaining market leadership advantages. Some of these investments will pay off, others will not, and we will have learned another valuable lesson in either case.
(私たちはマーケットリーダーの優位性を獲得できる十分な可能性があると考える場合、臆病になるのではなく大胆に投資の意思決定をしていきます。そのうちのいくつかはうまくいくでしょうし、そうでないものもあるでしょう。どちらのケースでも、私たちは貴重な教訓を得ることができると考えています)

出所：1997年　Amazonアニュアルレポート

とです。多くの会社には撤退基準が明文化されていません。許容できるリターンを生まないものから撤退し、うまくいっている投資についてはさらに力を入れていく。ビジネスの状況によって柔軟に意思決定を行う。まさにリアルオプションの考え方です。Amazonは、上場以来70を上回る数の新規事業を行っていますが、その3分の1からは早々に撤退しています[25]。私たちはAmazonがスマホ事業やネットオークション事業に参入したということすら知りません。うまくいかないものからはすぐに撤退するからです。Amazonの成功の秘訣はもしかしたら、この撤退上手にあるのかもしれません。

「私たちはマーケットリーダーの優位性を獲得できる十分な可能性があると考える場合、臆病になるのではなく、大胆に投資の意思決定をしていきます。そのうちのいくつかはうまくいくでしょうし、そうでないものもあるでしょう。どちらのケースでも、私たちは貴重な教訓を得ることができると考えています」

　Amazonの投資に対する考え方がよくわかる味わい深い文章だと思いま

[24] 米国には「ビジネス・ラウンドテーブル（以下BRT）」という主要企業の経営者らが参加する経済団体があります。そのBRTは、まさにAmazonが上場した1997年に「企業統治に関する声明」を発表しています。この声明では、「企業の第一の目的は所有者（株主）に対する経済的な利益の創出にある」とし、株主利益第一主義を掲げました。ジェフ・ベゾスCEOもこの時代の流れを当然意識していたと思います。
　そのBRTが、2019年8月「企業の目的に関する声明（パーパス文書）」で株主利益の追求を至上とする考え方の見直しを表明しました。このパーパス文書には180社余りの経営者が署名しており、ジェフ・ベゾスCEOもその内の一人です。この声明では、顧客、従業員、取引先、地域社会、株主を本質的なステークホルダーとし、これら全てに価値をもたらすことが企業の使命であるとしています。米国の主要企業が、従来の株主利益第一主義からステークホルダー資本主義に大きく舵を切ったと言えます。これが真実なのか、それともまやかしなのかを判断するにはもう少し時間が必要です。
[25] 『ニュータイプの時代』（山口周著、ダイヤモンド社）

す。日本企業も Amazon に学ぶ点があるのではないでしょうか。皆さん
も、ぜひ折に触れてここに戻ってきていただければと思います。

Lesson

4

フリーキャッシュフロー
をマスターする
―フリーキャッシュフローとは何か

■■■ 現場で使うフリーキャッシュフローとは

ファイナンスにおける価値は2つの要素に分解できると言いました。それはフリーキャッシュフローと割引率です。したがって、価値を高めるには、フリーキャッシュフローを増やすこと、そして割引率を下げる必要があります。このLessonではフリーキャッシュフローについてお話ししたいと思います。

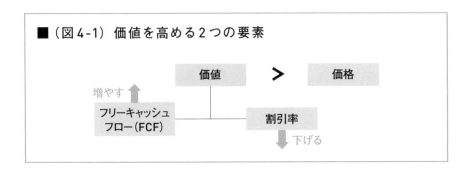

■（図4-1）価値を高める2つの要素

世の中にフリーキャッシュフローの定義はいくつかあります。1つは、キャッシュフロー計算書の「営業活動によるキャッシュフロー」と「投資活動によるキャッシュフロー」を合算したものをフリーキャッシュフローとするものです。この定義は、日本経済新聞でも使っています。主にフリーキャッシュフローの実績値を求めるときに使います[1]。

企業価値評価や投資判断に使うフリーキャッシュフローとは何かということですが、簡単に言えば、**債権者と株主が食べるそうめん**です。

---

[1] 企業価値評価や投資判断に使うフリーキャッシュフローとの違いは、他にもキャッシュフロー計算書の営業CFは当期純利益で始まっていることから、債権者が食べるそうめん（利息）がすでにマイナスされてしまっている点などいろいろあります。

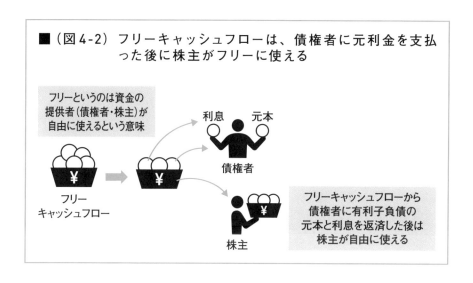

■（図4-2）フリーキャッシュフローは、債権者に元利金を支払った後に株主がフリーに使える

企業価値は誰にとっての価値だったかというと、債権者と株主でした。つまり債権者と株主が食べるそうめんを増やすことが、債権者と株主にとっての価値を増やすことにつながるのです。

フリーキャッシュフローの「フリー[2]」とは、債権者・株主が自由に使えるキャッシュフローという意味なのです。さらに言えば、**フリーキャッシュフローの中から、債権者に元利金を支払った後に残ったキャッシュフローこそが株主が「自由」に使えるキャッシュフロー**と言えます。皆さんはこう思うかもしれませんね。実際のところ、企業は残ったすべてのキャッシュフローを株主に還元するとは限らない。

おっしゃる通りです。ただ、企業が再投資すべく手元に残したキャッシュも企業（経営者）が自由に使えるお金ではありません。なぜなら、本来は株主のモノだからです。"No, it's not your cash, but our cash" と言った株主の話を思い出してください。

2　利息を支払う前のキャッシュフローであることから、「資金調達方法に影響を受けない」という意味でのフリーという考え方もあります。

■■■ フリーキャッシュフローの定義

　フリーキャッシュフローは債権者と株主が食べるそうめんです。具体的なフリーキャッシュフローの定義は次の通りです。

フリーキャッシュフロー（FCF）
　＝営業利益−（営業利益×法人税率）＋減価償却費−設備投資
　　−運転資本の増加額
　＝営業利益−みなし法人税＋減価償却費−設備投資−運転資本の増加額

　なぜ営業利益からスタートするのかというと、営業利益という利益概念は、仕入先、従業員、取引先など多くの利害関係者がそうめんを食べた後に残った利益概念なのです。あと、債権者と株主以外で食べていない人は誰かといえば、国・地方公共団体が税金という名のそうめんを食べていません。したがって税金をマイナスするのです。ただし、この税金は営業利益に税率を掛けて計算したみなし法人税です。これは事業活動とは関係ない損益の影響を除くためです。支払利息の節税効果に関しては、キャッシュフローではなく、割引率で考慮することになります。

　ここからは中級編のお話です。興味がある方だけお読みください。
　ファイナンスのテキストによっては、フリーキャッシュフローのスタートが営業利益ではなく、EBIT（Earnings Before Interest and Taxes：イービットと発音）となっているものがあります。つまり、フリーキャッシュフローの定義が次の通りになります。

フリーキャッシュフロー（FCF）

　＝EBIT－（EBIT×法人税率）＋減価償却費－設備投資－運転資本の増加額

　＝NOPAT[3]＋減価償却費－設備投資－運転資本の増加額

　EBITは、利息と税金を支払う前の利益です。具体的には、**営業利益に、事業のために保有している資産から生み出される営業外収益等を加算減算して求めます。**　営業外収益の代表例は受取利息や受取配当金です。EBIT

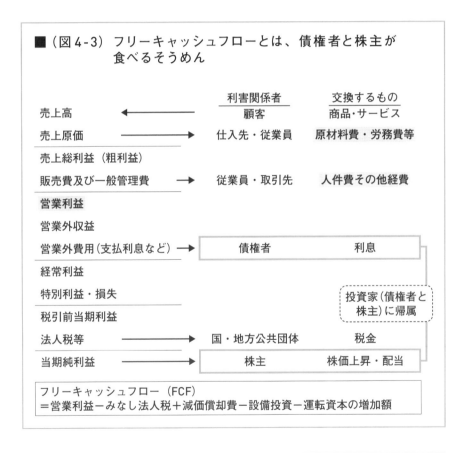

■（図4-3）フリーキャッシュフローとは、債権者と株主が食べるそうめん

3　EBITからみなし法人税（EBIT×法人税率）をマイナスした利益をNOPAT（Net Operating Profit After Taxes）といい、ノーパットと発音します。

に含める（営業利益に加算する）のは事業に関連するものだけです。

　現預金は一般的に非事業資産として扱います。現預金は事業運営に必要なものを含んでいますが、その金額が特定できないからです。したがって、現預金から生み出される受取利息はEBITの中に入れてはいけません。それでは、受取配当金はどうでしょうか。ここがややこしいところです。受取配当金の源泉となる有価証券が事業資産なのか、非事業資産なのかで扱いが変わります。**運用目的で保有している有価証券は一般的に非事業資産として扱います**。したがって、当該有価証券から発生する受取配当金は、EBITの中には入れてはいけません。

　それでは、政策目的のために保有している有価証券（いわゆる持ち合い株式）はどうでしょうか。持ち合い株式は、必ずしも事業と無関係とは言えないことから、そこから発生する受取配当金をEBITに含める場合があります。**EBITに含めるということは、フリーキャッシュフローとして評価することになります。言いかえれば、当該有価証券を事業資産として扱うことになります。EBITに含めておきながら、運用目的の有価証券と同じように、非事業資産として扱うと価値のダブルカウントになりますので注意が必要です。** 以上で難しいお話は終了です。

　税引後営業利益（営業利益－みなし法人税）は、あくまでも「利益」であって「キャッシュ」ではありませんから、ここから2つの調整を行ってキャッシュベースにする必要があります。

　まず1つ目は、減価償却と設備投資です。減価償却費とは、設備投資を行った際、その設備が使える期間（耐用年数といいます）に割り振った費用のことをいいます。したがって、その期だけを考えると、費用として計上されていても、実際にはキャッシュとして支払うわけではありません。営業利益を算出する際には、すでに費用としてマイナスされていますから足し戻し、その上で、設備投資をして、実際にキャッシュを支払ったタイミングで投資金額をマイナスすることで、利益とキャッシュの違いをなくします。

■■■ 減価償却費とは何か

　ちょっと難しいですよね。具体的にご説明しましょう。ある企業が設備を3,000万円で購入するというケースです。設備の耐用年数は3年です。この設備を3年間使用することで、売上が毎年3,000万円ずつ獲得できました。ここで、減価償却という考え方がない場合は、初年度の売上3,000万円から設備投資費として3,000万円をマイナスするので利益はゼロになります。そして、2年目と3年目は3,000万円の利益ができます。この場合は、利益と手元の現金がぴったり合っています。とてもシンプルでいいですね（図4-4①）。

　ところが、ここで税務署の登場です。「あなたのところは3年間同じ設備を使って、同じ事業をやって、売上高が3年間同じなのに、なぜこんなに利益がブレるんですか」ということを言い始めるわけです。税務署の本音は、「1年目から利益が出ないと税金がとれないじゃないか」ということです。そこで、「機械設備は資産としてバランスシートに計上し、機械設備を使用すれば、その分価値が減少するとして使用期間にわたって減価償却費として計上する」というルールが出てきたわけです。

　こうして、企業は毎年1,000万円ずつ減価償却費として計上するようになりました。その結果、毎年営業利益は2,000万円と平準化でき、税務署にはめでたく1年目から税金を納めることができるのです。実は利益平準化で得したのは税務署だけではありません。株主も1年目から配当をもらえる可能性が出てきました。経営者も、売上は3年間同じなのに設備投資した年は利益ゼロでその後黒字の業績を説明する立場としてはやりにくかったはずです。利益平準化に助けられました。そのかわり、この減価償却費というルールが導入されたことから、営業利益と手元の現金が合わなくなってしまいました（図4-4②）。

■（図4-4）フリーキャッシュフローのキモは減価償却費にあり

①減価償却費なし	X1期	X2期	X3期
売上高	3,000	3,000	3,000
設備投資	△3,000	0	0
営業利益（CF）	0	3,000	3,000
②減価償却費あり			
売上高	3,000	3,000	3,000
減価償却費	△1,000	△1,000	△1,000
営業利益	2,000	2,000	2,000
③営業利益からCFを計算			
営業利益	2,000	2,000	2,000
減価償却費	1,000	1,000	1,000
設備投資	△3,000		
CF	0	3,000	3,000

営業利益に
減価償却を
足し戻す

　そこで、営業利益からキャッシュフローに変換するための調整作業が必要になりました。営業利益から考えると減価償却費1,000万円分少なくなっているわけですから、営業利益に減価償却費1,000万円を足し戻します。これで、減価償却というルールがなかった場合と同じになりました。そして、ここから初めて初年度に設備投資額3,000万円をマイナスします。こうして、手元のお金と一致しました（図4-4③）。

　このように、**減価償却費は、実際にはキャッシュとして出ていかない費用なので、キャッシュベースで考えるためには、一度、営業利益に足し戻す必要があります。そして実際に設備投資したタイミングで設備投資額をマイナスする必要があるのです。**

■■■ 運転資本の増加額をマイナスする理由

　2つ目は、運転資本（ワーキングキャピタル）の増加額をマイナスすることで売上高や売上原価とキャッシュの動きのズレをなくす必要があります。ここからの説明は長くなります。**運転資本の増加額をマイナスするのは、キャッシュの動きを調整すること**だという結論のみ知っておけばいいと思う方は読み飛ばしても構いません。

　ここは、なかなか難しくて、私自身も理解するのに時間がかかったところです。順を追ってご説明しましょう。企業活動というのは、例えば製造業の場合、仕入れた原材料を加工して製品を生産、販売し、キャッシュを手に入れるまでのプロセスを回していくことと言えます。車を例にお話しすると、車を作るためにはまず鉄などの原材料を仕入れます。仕入れてから代金を支払うまで、代金は「支払債務[4]」としてバランスシートに計上されています。

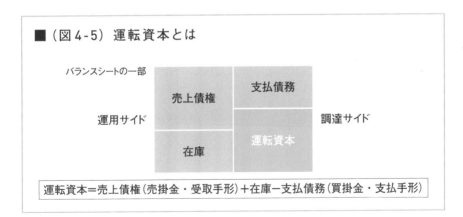

■（図4-5）運転資本とは

バランスシートの一部

| | 売上債権 | 支払債務 |
運用サイド　　　　　　　　　　　　　　　　調達サイド
| | 在庫 | 運転資本 |

運転資本＝売上債権（売掛金・受取手形）＋在庫－支払債務（買掛金・支払手形）

[4] 仕入債務と言うことがあります。

一方で、原材料、仕掛品（半製品）、完成した車は販売されるまで「在庫（棚卸資産）」としてバランスシートに計上されます。さて、販売店に並んでいる車が売れました。お客さまと契約書を取り交わし、納車しました。これで車を1台売り上げたことになります。ただし、お客さまから代金をいただくまでは「売上債権」となります。

　さて、話をもとに戻しましょう。この運転資本は、次のように定義できます。

運転資本＝売上債権（売掛金・受取手形）＋在庫－支払債務（買掛金・支払手形）

　繰り返しになりますが、この運転資本の1年間の増加分をマイナスすることで、売上高や売上原価とキャッシュの動きのズレをなくす必要があります。

　この理由は3つあります。

① 　売上高と現金収入は異なる……掛け売りするから
② 　売上原価と仕入は異なる……在庫があり、それが増減するから
③ 　仕入と現金支出は異なる……掛けで仕入れるから

　まずは売上高と現金収入の関係についてです。図4-6を見ると売上高と現金収入は一致していません。実は、その差額は期末と期首の売上債権の差になっています。

　これではわかりませんね。順を追って説明していきましょう。会計年度が始まる期首（例えば4月1日）に顧客から回収できてない売上債権が200万円ありました。今期の売上高は1,000万円だとしましょう。この時、売上債権に売上高を足した1,200万円が今期以降に入金される予定のキャッシュになります。期末（3月31日）を迎えたときに売上債権が300万円ありま

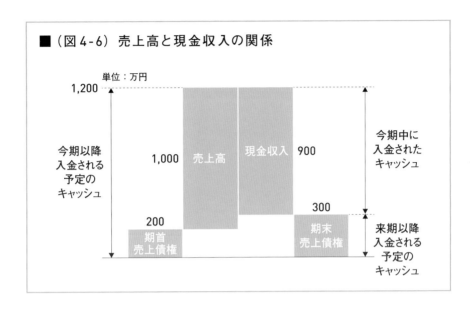

■ (図4-6) 売上高と現金収入の関係

した。このことから、現金収入は900万円だったことがわかります[5]。したがって、売上高1,000万円と現金収入900万円のズレを調整するためには、売上債権の期末残高300万円と期首残高200万円の差をマイナスすればいいことがわかります。

> 式①　現金収入＝売上高−（期末の売上債権残高−期首の売上債権残高）
> 　　　　＝売上高−売上債権増加額

　実際に数字を当てはめて上記の式が成り立つことを確認してください。
　次に損益計算書の売上原価が商品や原材料の仕入れに伴う現金支出と同じになるとは限りません。この調整は2つのステップに分けられます。まずは仕入と売上原価のズレの調整です。そして、次に仕入と現金支出のズ

[5] ここまでの流れを式で表すと「現金収入＝期首売上債権＋売上高−期末売上債権」になります。この式を変形すれば式①（205ページ）になります。

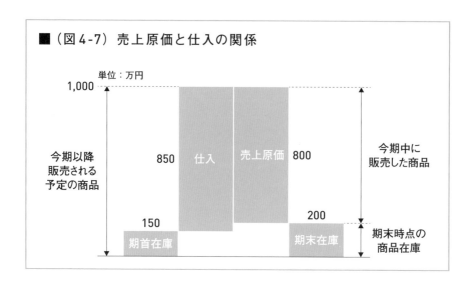

■（図4-7）売上原価と仕入の関係

単位：万円

1,000

今期以降
販売される
予定の商品

850　仕入　売上原価　800

今期中に
販売した商品

150

期首在庫

200

期末在庫

期末時点の
商品在庫

レの調整です。

　ここでは商品の仕入れを行ったとしましょう。期首に商品在庫が150万円ありました。今期は850万円分仕入れをしました。合計の1,000万円が今期以降に販売される予定の商品になります。期末を迎えたときに200万円の在庫があるとすれば、今期中に販売した商品は800万円であることがわかります。会計の世界では、売上原価として計上されるのは仕入れた金額ではなく、その期に販売した金額である800万円です。仕入850万円と売上原価800万円のズレは、在庫の期末残高200万円と期首残高150万円の差になっていることがわかります。

式②　　仕入＝売上原価＋（期末在庫－期首在庫）
　　　　　　＝売上原価＋在庫増加額

　式②からわかる通り、仕入は売上原価に在庫の増加額を加えたものです。

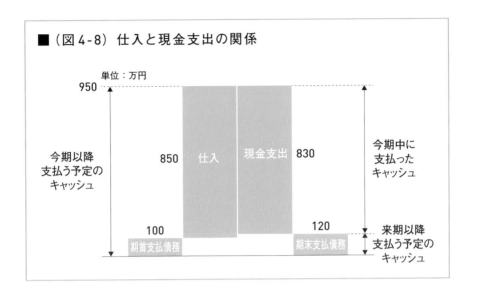

■（図4-8）仕入と現金支出の関係

　次は、この仕入と現金支出のズレを調整することになります。

　仕入代金はすぐに現金で支払うのではなく、通常は掛けで仕入れることになります。期首に仕入先に支払っていない債務（支払債務）が100万円あるとしましょう。今期の仕入金額850万円を加えた950万円が今期以降、仕入先に支払う予定のキャッシュです。期末を迎えたときに支払債務が120万円残っていたとすると今期中に支払ったキャッシュは830万円となります[6]。

　このことから、実際の現金支出830万円は仕入額850万円よりも、支払債務の増加額分20万円だけ少ないことがわかります。したがって、次のような関係式になります。

---

[6] ここまでの流れを式で表すと「現金支出＝期首支払債務＋仕入−期末支払債務」になります。この式を変形すれば、式③（208ページ）になります。

　何のためにこの調整を行ってきたか忘れてしまった方もいるのではないでしょうか。そもそもはキャッシュフローを求めたかったはずです。キャッシュフローは現金収入から現金支出をマイナスしたものです。

■（図4-9）キャッシュフロー計算書でも、運転資本の調整をしている

	前連結会計年度 (自 2018 年 4 月 1 日 至 2019 年 3 月 31 日)	当連結会計年度 (自 2019 年 4 月 1 日 至 2020 年 3 月 31 日)
営業活動によるキャッシュ・フロー		
税金等調整前当期純利益	275,310	256,180
減価償却費	72,323	97,802
減損損失	−	23,554
のれん償却額	26,992	30,683
貸倒引当金の増減額 (△は減少)	792	1,541
受取利息及び受取配当金	△12,249	△13,114
支払利息	11,851	11,008
持分法による投資損益 (△は益)	△2,118	△166
固定資産処分損益 (△は益)	802	453
投資有価証券売却損益 (△は益)	△40	△10,809
投資有価証券評価損益 (△は益)	315	579
売上債権の増減額 (△は増加)	△37,638	△950
たな卸資産の増減額 (△は増加)	△38,790	△14,315
仕入債務の増減額 (△は減少)	8,619	△6,364
退職給付に係る負債の増減額 (△は減少)	△137	2,606
退職給付に係る資産の増減額 (△は増加)	291	1,695
その他	14,085	7,396
小計	320,410	387,780
利息及び配当金の受取額	12,831	13,568
利息の支払額	△11,817	△11,822
法人税等の支払額	△71,415	△87,360
営業活動によるキャッシュ・フロー	250,009	302,166

出所：ダイキン工業株式会社　2020年3月期有価証券報告書

　　　現金収支＝現金収入－現金支出

式①から式③をマイナスすると次の式になります。

　　　　　　＝(売上高－売上債権増加額)－(仕入－支払債務増加額)

　上の式の「仕入」の部分に式②（仕入＝売上原価＋在庫増加額）を代入すると次の式に変形できます。

　　　　　　＝(売上高－売上債権増加額)

　　　　　　　－(売上原価＋在庫増加額－支払債務増加額)

整理すると次の式の様になります。

　　　　　　＝(売上高－売上原価)

　　　　　　　－売上債権増加額－在庫増加額＋支払債務増加額

　　　　　　＝(売上高－売上原価)－運転資本の増加額

　フリーキャッシュフローを求めるために運転資本の増加額をマイナスする理由をお分かりいただけたでしょうか。実は同じ調整をキャッシュフロー計算書でもやっています（図4-9）。減価償却費を足し戻し、売上債権、棚卸資産、支払（仕入）債務の増減を調整しているのです。

　ここでこんな疑問を持った方もいらっしゃるかもしれません。「売上高から売上原価を引いたら、売上総利益だよな。たしか、フリーキャッシュフローの定義は営業利益から始まっていたはず」

　さすがです。ここでは、「販売費及び一般管理費」に関する調整は省略しています。実際は前受金や未払金などがバランスシート上は計上されるでしょう。キャッシュフロー計算書の「営業活動によるキャッシュフロー」をご覧いただくと税引前当期純利益を営業キャッシュフローに調整する項目は売上債権、棚卸資産、支払（仕入）債務以外にもあることがわかります。フリーキャッシュフローの算出においては、その他の項目は金額的にも重要性が低いと考えてこの売上債権、棚卸資産、支払債務の3項目の調整のみ行うのが一般的です。

お疲れさまでした。以上が運転資本の増加額をマイナスする理由です。

■■■ 運転資本の増減の調整効果

　営業利益をキャッシュフローにするために運転資本の増加額をマイナスする必要があると言いました。実際に簡単な例を使って、調整がうまくいっているかを見てみましょう。

　①商品を仕入れてから、②買掛金支払、③商品販売そして、④売掛金回収までのビジネスプロセスごとに損益計算書（PL）とキャッシュフロー計算書（CS）⁷、そしてバランスシート（BS、ただし売上債権、在庫、支払債務のみ）の数値がどのように変化するか、順を追って見てみましょう。

①商品仕入

　皆さんは、まずX社から100万円で商品を掛けで仕入れました。損益計算書（PL）、キャッシュフロー計算書（CS）ともに動きはありません。ただし、バランスシート（BS）の在庫に100万円、そして支払債務に100万円計上されました（図4-10①）。

②買掛金支払

　X社への買掛金の支払日がやってきました。

　あなたはX社に商品代金100万円の買掛金を支払います。損益計算書（PL）には何の変化はありません。キャッシュフロー計算書（CS）では、100万円のキャッシュアウトです。バランスシート（BS）では、支払債務100万円がなくなりました（図4-10②）。

7　CSはCashflow Statement（キャッシュフロー計算書）の頭文字をとったものです。

③商品販売

やっと、あなたはこの商品をY社に200万円で販売することができました。この時点で初めて損益計算書（PL）に売上高200万円、費用100万円、営業利益100万円と計上されることになります。掛けで販売していますから、現金収入があったわけではないので、キャッシュフロー計算書（CS）の動きはありません。バランスシート（BS）はどうでしょうか。在庫100

■（図4-10）PL・CS・BSの変化と運転資本

		①商品仕入 X社から100万円の商品を掛けで仕入れる	②買掛金支払 X社に対して商品代金100万円を支払う	③商品販売 この商品をY社に対して200万円掛けで販売する	④売掛金回収 Y社から回収条件に従い売掛金を回収する
	取引内容				
PL	売上高	0	0	200	0
	費用	0	0	△100	0
	ⓧ 営業利益	0	0	100	0
CS	収入	0	0	0	200
	支出	0	△100	0	0
	CF（収支）	0	△100	0	200
BS	売上債権（売掛金）	0	0	200	0
	在庫	100	100	0	0
	支払債務（買掛金）	100	0	0	0
	運転資本	0	100	200	0
	ⓨ 運転資本増加額	—	100	100	△200
ⓧ-ⓨ	CF（収支）	—	△100	0	200

万円がなくなった一方で、売上債権が200万円計上されました（図4-10③）。

④売掛金回収

そして、予定通り、あなたはY社から売掛金200万円を回収することができました。損益計算書（PL）の動きはありませんが、キャッシュフロー計算書（CS）で200万円の収入です。バランスシートには何もなくなりました。

この4つの各プロセスの損益計算書（PL）の営業利益（Ⓧ）とキャッシュフロー計算書（CS）のCF（収支）を見てください。最初の①商品仕入のプロセスはともかく、**他の3つのプロセスでは営業利益とCF（収支）が一致していません。これを一致させるために営業利益から運転資本の増加額をマイナスする必要があるのです。**運転資本増加額（Ⓨ）の推移を見てみましょう。①商品仕入の運転資本ゼロから、②買掛金支払では運転資本100万円となりました。したがって運転資本増加額は100万円です。②買掛金支払から③商品販売ではどうでしょうか。③商品販売では運転資本が200万円ですから、②買掛金支払からの運転資本増加額は同じく100万円となります。最後の④売掛金回収では運転資本がなくなりました。したがって、前の③商品販売からの運転資本増加額は△200万円となります。それぞれのプロセスの営業利益Ⓧから、それぞれの運転資本増加額Ⓨを差し引いてみてください（Ⓧ−Ⓨ）。CF（収支）の金額と一致しました。これで、営業利益から運転資本増加額をマイナスすれば、利益とキャッシュフローのズレがなくなることが確認できました。

■■ サンクコストにとらわれてはいけない

まずはこの問題を考えていただきましょう。

■ 演習問題

　あなたは、航空機メーカーの経営企画担当役員です。社長主導で、ある研究プロジェクトに100億円を投資してきました。目的は従来のレーダーには映らない戦闘機を作ることでした。

　プロジェクトが90％完成したとき、別の会社がレーダーでは検知できない戦闘機の販売を開始しました。また、その戦闘機の方があなたの会社が作っている戦闘機よりも、ずっと速く、より経済的であることが明らかです。社長はこう言っています。「100億円をすでに投資した以上、今さらプロジェクトを止めることはできない」。社長に意見を求められたあなたは、どのように答えるべきでしょうか

　どうでしょうか。そう言われてもという感じですよね。人によっては、「社長のおっしゃる通りです」と言ってしまいそうになるかもしれません。ただ、ここは踏ん張っていただき、皆さんにはこのように答えていただきたいのです。

「社長、100億円をすでに投資した以上とおっしゃっていますが、100億円は関係ありません」「**大事なのは今から未来です**」と言わなければいけないのです。さらに、「**これからこの事業を続けた場合のNPVと止めた場合のNPVとを比べて、どちらが大きいかで判断しないといけません**」と言わなければいけません。

「100億円は関係ないと言っても実際にかかっているではないか」と社長は言うでしょう。100億円はサンクコスト（Sunk Cost: 埋没原価）だと言わなければいけません。サンキューコストではなく、沈んでしまったという意味のサンクコストです。**既に支払っていて回収ができないサンクコストは投資判断のキャッシュフローには含めない**。よろしいでしょうか。頭でわかっていても私たちはサンクコストにとらわれやすいことを理解しておく

必要があります。

　昔、娘にせがまれて映画を見に行ったことがありました。映画館に入って15分くらいしたら、娘が「お父さん、つまらないからもう出たい」と言うわけです。つい私は、入場料について言いそうになりましたが、私と子どもの入場料2,800円はもうどうやっても戻ってこないサンクコストです。そのときの私の意思決定はどうすべきだったのでしょうか。このまま映画を見続けて得られる便益と映画館の外に出て2人で違うことをして得られる便益とを比較してどちらにするか決定しなければいけなかったのです。言うのは簡単ですが、難しいですよね。なぜなら、どちらも予測だからです。このまま映画を見続けたら、めちゃくちゃ面白くなるかもしれない。一方、外に出たからと言って、娘が喜ぶようなことがあるかわからないのです。

■■■ サンクコストにとらわれた三菱重工

　サンクコストにとらわれていやしないか心配になる企業が三菱重工です。私のブログをご紹介しましょう。

> 　2017年4月24日付日経新聞によれば、三菱重工業は仏原子力大手、アレバの原子炉子会社に約400億円を出資することを仏電力公社（EDF）と大筋で合意しました。
> 　三菱重工のアレバグループへの出資額はこれまでの出資分と合わせると総額700億円超。原発事業は採算の悪化から撤退を決断する大手も出ていますが、三菱重工はアレバへの追加支援で事業継続の意思を示した形です。
> 　ちなみに、アレバは2016年まで6年連続赤字で累積損失が1兆円を

超えています。さらに、三菱重工は2006年にアレバと提携を開始したものの、現時点で着工に至った新型炉はまだありません。

　原発事業ですから日本の国防の観点から事業継続せざるを得ないという判断も背景にあるのかもしれません。ただ、気になるのは同社関係者の発言です。

「ここでアレバから退けば新型炉の開発コストも捨てることになる」

　この発言は問題です。なぜなら、すでに支払っている開発コストはサンクコストであり、事業継続するか否かの意思決定とは無関係だからです。

出所：「社長ブログ」オントラック（2017年5月1日）

　さらに三菱重工の民間ジェット機スペースジェットの開発子会社である三菱航空機への2,200億円の金融支援に関して、2018年11月時点で私はこう書いています。

三菱航空機が開発した飛行機

　三菱重工は三菱航空機が新たに発行する1,700億円の株式を単独で引き受け、さらに、三菱航空機への貸付金の一部である500億円の債権を放棄することになります。

これによって、確かに三菱航空機は18年12月末までに1,100億円の債務超過を解消することになります。ただし、ここで注目すべき点は、この増資計画には、トヨタ自動車、三菱商事、住友商事、三井物産、日揮、三菱ケミカル、日本政策投資銀行など、他の既存株主が参加しないことです。

　三菱航空機は08年に発足し、13年後半にMRJの初号機をANAホールディングスに納入する予定でした。ところが、度重なる設計変更などで開発が遅れ、納期をこれまでに5回延期し、三菱航空機の累積損失は18年3月末に2,100億円の赤字に達しました。その結果、債務超過額が1,100億円に膨らんでいたのです。

　何度も失敗しているのにもかかわらず、経営資源を投入し続け傷口を広げることを経営学では「エスカレーション・オブ・コミットメント」といいます。こうしたエスカレーションが生じる原因は、サンクコスト・バイアスや政治的圧力などいろいろとあると思います。また、ここで撤退しては失敗を認めることになるという感情的なこともあるでしょう。

　それでも、他の株主であるトヨタ自動車、三菱商事などそうそうたる企業が追加出資をしなかったという事実は大きいと思います。三菱重工はやめるにやめられない状況におかれているような気がします。では三菱重工は、それこそ「見切り」をつけて撤退すればいいのでしょうか。そう簡単には言えるものでもありません。

　ホンダが開発した「ホンダジェット」のエピソードです。ホンダがジェット機の研究を始めたのは1986年。事業化の期限を決めずに知見を蓄積することに注力。実際に事業化を決定し工場設立したのは20年後の2006年です。初号機を引き渡す2015年までの約30年間、売上はゼロだったというのです。今日うまくいかないからと言って、ず

っとダメだとは100％言い切れません。未来のことは誰にもわからないからです[8]。

出所：「社長ブログ」オントラック（2018年11月5日）

■■■ 撤退基準をあらかじめ設けておく

　ではどうすればいいのでしょうか。1つに撤退基準をあらかじめ決めておくことがあると思います。新規事業への投資でよく言われる「3年で単年度黒字化、5年で累積損失一掃できなければ撤退」といった社内ルールがあれば、「見切り」がつけやすくなるのではないでしょうか。いずれにしても、期限と投資金額を明確に決めずにズルズルといくのだけは避けてほしいところです。

　私は撤退基準があれば、社内のみんながハッピーになるのではないかと思います。経営トップは事業撤退となかなか言えないのもわかります。覚悟と勇気が問われるからです。事業責任者が泣きついてくるのを待っている。当の事業責任者から「社長、もうできません」とは口が裂けても言えないでしょう。しかし、社長はそれがわかっているにもかかわらず、見て見ぬふりをする。そしてキャッシュの流出が続くわけです。営業赤字が続くなど、どうしようもなくなって初めて議題に上がるわけですが、時すでに遅しです。もうそのときには打ち手は限られています。他社に売却もできないでしょう。さらにそこで働いている社員の方々のモチベーションも下がっていることでしょう。

　撤退基準があればどうですか。事業責任者も言いやすいのではないでしょうか。「社長、審査部門から撤退を検討しろと言われています」、「そう

---

[8] 結局、三菱重工は2020年10月、「三菱スペースジェット」開発の凍結を発表しました。

か、しょうがないな」ということになりませんか。

■■■ 伊藤忠商事の事業EXIT選定基準とは

　事業撤退や売却などを含めた基準の明確化が大切だとお話ししました。残念ながら、上場企業でも撤退基準を明確にし、さらに公表している企業は少数派です。ここでは、伊藤忠商事の「事業EXIT選定基準」をご紹介しましょう。

【事業EXIT選定基準】
　①3期累計赤字
　②リターンの投資時計画比下方乖離
　③付加価値{連結貢献*－(連結投資簿価×資本コスト)}の3期累計赤字
　　＊連結貢献：取込損益とトレードメリットの合計

（出所：伊藤忠商事　統合レポート2020）

　③の「付加価値」というのはEVA（経済的付加価値）と似たような考え方です。上記の3つのいずれかの基準に抵触した場合は、主管部署にて事業を継続すべきか、EXITすべきか議論することになります。継続する場合は次の3つの条件をクリアすべきとしています。

　①連結リターンの改善
　②連結投資簿価の上昇抑制
　③赤字・損失の防止

　先ほど述べた通り、多くの企業では投資基準があっても、撤退のための判断基準・ルールまで明文化されていません。また、撤退基準に「3期累

積赤字」というルールはあっても、将来のキャッシュフローの視点や資本コストの概念が欠けていることが往々にしてあります。資本コストに無頓着で、PLが黒字の事業であれば、そのまま事業継続というのでは困ります。他社の製品、商品、サービスには関心があっても、他社がどのような投資管理を行っているかをベンチマークしている企業は少ないように思います。**企業価値は投資によって創造される**ことを忘れてはなりません。

■■ 機会費用とは何か

　機会費用（Opportunity cost）は損益計算書にも出てこない見えない費用なので、みなさん忘れがちです。だからこそ、とても大事なのです。**何かをすれば、その一方で何かを失っている。これを機会費用といいます。**

　ビジネススクールのファイナンスの授業ではこう説明されました。「皆さんのMBA修得のコストは学費だとか生活費だけではありません。皆さんがここに来なかったら得られたであろう2年間分のサラリー、それに2年間の経験などを棒に振ってここに来ているのです。それを機会費用として考慮しないといけません」。

　今、こうしてこの本を読んでくださっている皆さんにも機会費用が発生しています。この本を読まずに他のことをした場合に得られる便益が機会費用です。その機会費用とこの本を読んで得られる便益とを比較して、得られる便益の方が勝るであろうと考えたから本を読み続けてくださっているわけです。ゆっくり過ごせる1日や大切な人との時間を失って本を読んでいるのです。

　そして、機会費用[9]は人によって異なります。どういうことでしょうか。自分の車を1時間かけて洗車することの機会費用を考えてみましょう。洗

---

[9] 私のファイナンスの先生は、「離婚とは機会費用に耐えられなくなったときに発生する」と笑うに笑えないことを言っていました。

車しなければ、その1時間で仕事をして稼げたかもしれません。その稼ぎ
は人によって異なります。また、その稼ぎは実際に働いてみなければわか
りませんからあくまでも仮定の話なのです。

■■■ 「With-Withoutの原則」とは

　この「With-Withoutの原則」はとても重要です。Withとはプロジェク
トを実施した場合のことをいいます。Withoutとはプロジェクトを実施し
ない場合のことです。**プロジェクトのNPVやIRRを計算するフリーキャ
ッシュフローは、WithとWithoutのフリーキャッシュフローの差額であ
る**ことは実務家でもうっかり忘れる方がいますから要注意です。

　具体的にお話ししましょう。皆さんの会社が大規模駐車場を所有してい
るとしましょう。この駐車場経営から得られるフリーキャッシュフローが
Withoutのフリーキャッシュフローです（図4-11②）。

　その駐車場にショッピングモールを建設することにしました。図4-11
①のWithのフリーキャッシュフローの時点0に下向きに出ているのが建
設に伴うキャッシュアウトです。図4-11①の時点1からショッピングモー
ルのテナント事業から得られるフリーキャッシュフローが並んでいます。
1年前に行った市場調査の費用がキャッシュアウトとして下向きに出てい
ます。③プロジェクトのFCFでは、WithとWithoutの差額ですから、1年
前の市場調査費用のキャッシュアウトは消えてしまいます。これがサンク
コストです。

　そして、駐車場経営から得られるフリーキャッシュフローが下向きにな
ります。これが機会費用です（図4-11③）。なぜなら、プロジェクトを実施
する場合は、駐車場から得られるフリーキャッシュフローを失うからで
す。

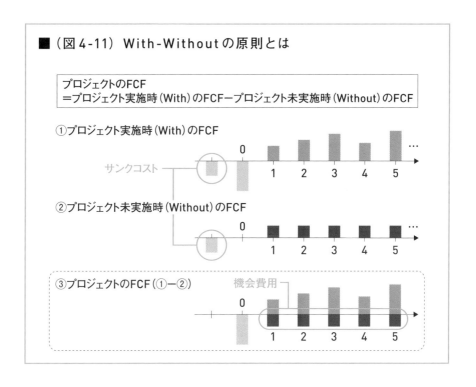

■（図4-11）With-Withoutの原則とは

プロジェクトのFCF
＝プロジェクト実施時（With）のFCF－プロジェクト未実施時（Without）のFCF

①プロジェクト実施時（With）のFCF

サンクコスト

②プロジェクト未実施時（Without）のFCF

③プロジェクトのFCF（①－②）

機会費用

■■■「With-Withoutの原則」の具体的事例

　正直な話ですが、私はこのWith-Withoutの原則を学んだ時腹落ちするまで理解できませんでした。過去のことは気にしない、未来を見るのがファイナンスです。サンクコストはともかくとして、なぜ機会費用を考えなければいけないのか。なぜ、設備投資のキャッシュアウトとショッピングモールから得られるフリーキャッシュフローだけでNPVを計算したら間違いなのかわからなかったのです。初めて理解できたのは、私がコンサルタントとして実際の案件にたずさわった時です。

　ある会社が工場に10億円かけて生産ラインを増設するという案件がありました。すでにNPVがプラスということで投資は実行済みでした。と

ころが、その稟議書が間違っていたのです。10億円の設備投資に対して、フリーキャッシュフローはなんと工場全体から生み出されるフリーキャッシュフローだったのです。なぜそれがダメなのでしょうか。工場全体から生み出されるフリーキャッシュフローは、既存の生産ラインから生み出されるフリーキャッシュフローが入ってしまっています。

10億円の追加投資に対して、工場全体から生み出されるフリーキャッシュフローでは、インプット（設備投資額）とアウトプット（投資によって生み出されるフリーキャッシュフロー）が対応していません。その担当者が本来やらなければいけなかったことはWithoutのフリーキャッシュフローをマイナスすることです。つまり、10億円を増設しなかった場合に工場全体のフリーキャッシュフローがどうなるのかを予測し、With（投資した場合）のフリーキャッシュフローからマイナスするのです。そうすれば、10億円の設備投資をすることによって、増えるフリーキャッシュフローがあぶり出されてくるわけです。With-Withoutの原則という言葉がお気に召さない方は、このように説明しているファイナンスの教科書もあります。

投資判断は、いつのときでも増し分フリーキャッシュフローで考えなければいけない。言いかえれば、その投資によって変化する部分に着目する必要がある。

こんなこともありました。高速道路のサービスエリアに数千万円かけてキッズスペースを増設しました。数千万円の投資に対してサービスエリア全体のフリーキャッシュフローを考え、NPVプラスだからと投資をしてしまっていました。その投資によってどれだけフリーキャッシュフローが増えるかが肝心なのです。ですから、いくらNPVやIRRがわかっていても、このWith-Withoutの原則がわかっていなければ、意思決定を誤る可能性があります。

実務ではいろいろな場面で出てきます。With-Withoutで何が変わるのかという議論をしていただきたいと思います。

投資判断の演習問題

あなたは、自動車部品メーカーの事業開発担当者です。このたび、新規事業の事業計画を以下のように策定しました。前提条件に基づき、NPV、IRR を算定しなさい[10]。

プロジェクトを実施する場合（With）							単位：百万円
年度	0	1	2	3	4	5	6
売上高（年間）		2,000	3,500	4,500	3,500	2,500	-
費用		(2,000)	(2,000)	(2,700)	(2,100)	(1,500)	-
減価償却/生産設備（マイナス）		(300)	(300)	(300)	(300)	(300)	
減価償却/倉庫建物（マイナス）		(10)	(10)	(10)	(10)	(10)	
営業利益		(310)	1,190	1,490	1,090	690	

前提条件

今期のはじめに2,000百万円かけて生産設備を建設予定

生産設備は、プロジェクト終了後の翌年（6年度）に帳簿価格500百万円の半分の250百万円で売却が可能だとする

必要な運転資本は月商（月間売上高）の3カ月。プロジェクト終了後の翌年（6年度）に回収予定

　現在、生産設備建設予定地は物流倉庫として他社に賃貸しており、その事業計画は以下の通りとする。生産設備を建設する際には、物流倉庫を転用する予定である。物流倉庫の売上と費用は現金取引であることから、運転資本は発生しない

---

[10] 本書に出てくるEXCELのファイルは、オントラックのサイト（https://ontrack.co.jp）でダウンロード可能です。

プロジェクトを実施しない場合（Without）							単位：百万円
年度	0	1	2	3	4	5	6
売上高（年間）		300	300	300	300	300	-
費用		(20)	(20)	(20)	(20)	(20)	
減価償却/倉庫建物（マイナス）		(10)	(10)	(10)	(10)	(10)	
営業利益		270	270	270	270	270	

社内のハードルレートは10％、法人税率は30％とする

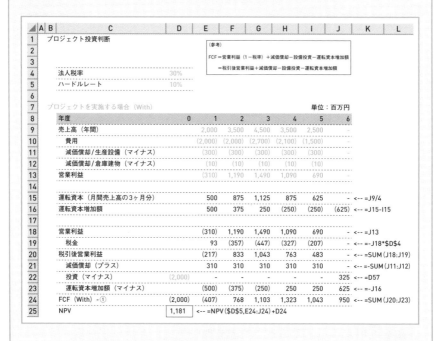

	項目	0	1	2	3	4	5	6	
1	プロジェクト投資判断								
	（参考） FCF＝営業利益（1－税率）＋減価償却－設備投資－運転資本増加額 ＝税引後営業利益＋減価償却－設備投資－運転資本増加額								
4	法人税率	30%							
5	ハードルレート	10%							
7	プロジェクトを実施する場合（With）							単位：百万円	
8	年度	0	1	2	3	4	5	6	
9	売上高（年間）		2,000	3,500	4,500	3,500	2,500	-	
10	費用		(2,000)	(2,000)	(2,700)	(2,100)	(1,500)		
11	減価償却/生産設備（マイナス）		(300)	(300)	(300)	(300)	(300)		
12	減価償却/倉庫建物（マイナス）		(10)	(10)	(10)	(10)	(10)		
13	営業利益		(310)	1,190	1,490	1,090	690	-	
15	運転資本（月間売上高の3ヶ月分）		500	875	1,125	875	625		<-- =J9/4
16	運転資本増加額		500	375	250	(250)	(250)	(625)	<-- =J15-I15
18	営業利益		(310)	1,190	1,490	1,090	690	-	<-- =J13
19	税金		93	(357)	(447)	(327)	(207)		<-- =-J18*$D$4
20	税引後営業利益		(217)	833	1,043	763	483		<-- =-SUM(J18:J19)
21	減価償却（プラス）		310	310	310	310	310		<-- =-SUM(J11:J12)
22	投資（マイナス）	(2,000)	-	-	-	-	-	325	<-- =D57
23	運転資本増加額（マイナス）		(500)	(375)	(250)	250	250	625	<-- =-J16
24	FCF (With)・①	(2,000)	(407)	768	1,103	1,323	1,043	950	<-- =SUM(J20:J23)
25	NPV	1,181	<-- =NPV($D$5,E24:J24)+D24						

プロジェクトを実施する場合（With）のフリーキャッシュフローの算定

- 営業利益：事業計画から持ってきます（18行目）

- 税金＝営業利益＊法人税率

  税金はキャッシュアウトなのでマイナス表示[11]にします。営業利益

---

[11] Excelではマイナスをカッコで表示しています。

は1年度ではマイナス310百万円になっています。赤字の場合、税金は支払う必要はないと思った方もいらっしゃるかもしれません。投資判断では、**この企業は他の事業では十分に利益が出ており、新規事業で発生する損失をカバーする**という前提をおくのが一般的です。他の事業で獲得した営業利益310百万円分には税金がかかっていたはずです。この税金は営業外損益や特別損益がないと仮定すれば、93百万円（＝310百万円×30%）です。この新規事業の赤字のおかげ（ちょっとおかしな表現ですが）で支払う必要があった税金を節税できると考えるのです。

新規事業の赤字を活用することで
その他事業で支払うはずの税金93百万円を節税できる

単位：百万円

	その他事業	本件	合算
税引前営業利益	310	△310	0
税金	△93	+93	0
税引後営業利益	217	△217	0

　そのため、1年度の税金は93百万円とプラスとなります。もちろん、この企業の他の事業も赤字で税金を支払っていないのであれば、新規事業で赤字を出したところで節税になりませんから、節税分をプラスにする必要はありません。また、この新規事業を1つの企業として立ち上げる場合は税金の扱いは異なります。企業が赤字の場合、税金はゼロになり、その赤字は一定期間繰り越すことが可能です[12]。

- 税引後営業利益＝営業利益－税金
- 減価償却費[13]：便宜的に今回の生産設備に関する減価償却費と倉庫建物の減価償却費とをわけています。フリーキャッシュフローを求

[12] これを「欠損金の繰越控除」といいます。将来、黒字になっても、繰り越した赤字とその年の黒字を相殺してプラスにならない場合は、その年の税金はゼロになる制度です。
[13] 製造業の場合は、本来であれば、生産設備に関する減価償却は売上原価に計上されます。

めるためには、この減価償却費を加算します。

• 設備投資：0年度にマイナス入力します。よく、1年度に入力する方がいらっしゃいますが、「0年度は元日、1年度は同じ年の大晦日」と考えるという話をしました。1年度（大晦日）に設備投資をして同じ日に売上を上げるのは無理があります。設備投資は0年度に入力するのを間違えないでください。

前提条件では、生産設備は、プロジェクト終了後の翌年（6年度）に帳簿価格（簿価）500百万円の半分で売却が可能とあります。250百万円の売却代金がそのまま入ってくると考えるのは早計です。税金のことを考える必要があるからです。次の基本的な2つのことを知っておけば十分です。

①税金は、売却損益に課税されること
②売却損益は、時価と簿価（BS上の帳簿価格）の差額であること

生産設備の簿価は減価償却する都度、減少していきます。

したがって、5年後の簿価は次のように計算できます。

• 生産設備の簿価（5年後）＝取得原価－減価償却累計額
• 売却損益＝売却価額－生産設備の簿価（5年後）

今回の場合は売却価額が簿価よりも低いので、250百万円の売却損が発生します[14]。

- 税効果＝売却損益＊法人税率

　売却損が発生していることから、節税効果があります。

- 売却価額（税効果後）＝売却価額－税効果

　こうして計算した売却価額（税効果後）325百万円を6年度の生産設備売却金額として入力しています（セルJ22）。

- 運転資本＝売上高／4（15行目）

　月商（月間売上高）の3カ月分という前提から、年間売上高を4で割ることによって運転資本額を計算しています。

- 運転資本増加額＝今期の運転資本－前期の運転資本

　運転資本の増加額をマイナスするのは、営業利益をキャッシュフローに変換するための調整でした。フリーキャッシュフローを求める際に大事なことは運転資本の金額そのものではなく、前年度からの増加額です。例えば、2年度の運転資本増加額は、2年度の運転資本875百万円から1年度の運転資本500百万円をマイナスして375百万円と計算できます。こうして求めた運転資本増加額をマイナスすることになります（23行）。

　6年度の運転資本増加額は、マイナス625百万円と計算できます（セルJ16）。これをマイナスするわけですから、フリーキャッシュフローの計算上では、プラスの625百万円となります（セルJ23）これは、運転資本の回収を意味します。この運転資本の回収がよくわからないと思った方は心配しないでください。こう考えてみたらいかがでしょう。5年度末には、運転資本625百万円（セルI15）ということは下図のようになっていたということです。

14 試しに簿価500百万円よりも高い600百万円で売れた場合の売却価額（税効果後）はいくらになるか計算してみてください。売却価額（セルD54）に600を入力すれば、570百万円と算出できます。30百万円（＝売却益100百万円×30％）の税金がかかることがわかります。

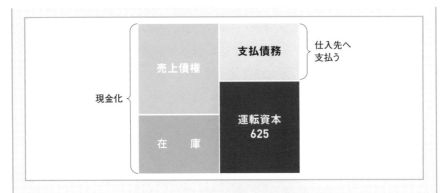

　このように、5年度末の段階で積みあがっていた売掛金や在庫を現金化し、支払債務を仕入先へ支払うことによって、結果的に625百万円のキャッシュが残ったと考えるのです。実務ではこの運転資本の回収をしていない財務モデルが散見されます。もったいないことですから、ぜひ回収してください。ここまでで投資をした場合（With）のフリーキャッシュフローを計算することができました。この段階で試しにNPVを計算すると、1,181百万円（セルD25）となります。多くの企業がこの結果をもってして投資を実行してしまうのです。

　それでは、投資をしなかった場合（Without）のフリーキャッシュフローを前提条件通りに計算してみましょう。ここでも売上高300百万円を0年度に入力する方がときどき、いらっしゃいますが、元旦の日の1日では300百万円の売上を稼ぐことはできません。次の図の43行でWithとWithoutのフリーキャッシュフローの差額を計算し、現在価値に割り引くことでNPVを計算すると427百万円となります（セルD46）。このシナリオで考えれば、投資は実行すべきとなるわけです。また、IRRも14.6％ですから、社内のハードルレート10％より高いことから、投資実行となります。

	A	B	C	D	E	F	G	H	I	J	K	L
26												
27		プロジェクトを実施しない場合（Without）							単位：百万円			
28		年度		0	1	2	3	4	5	6		
29												
30		売上高（年間）			300	300	300	300	300			
31		費用			(20)	(20)	(20)	(20)	(20)			
32		減価償却/倉庫建物（マイナス）			(10)	(10)	(10)	(10)	(10)			
33		営業利益			270	270	270	270	270			
34												
35		営業利益			270	270	270	270	270	-	<-- =J33	
36		税金			(81)	(81)	(81)	(81)	(81)	-	<-- =-J35*$D$4	
37		税引後営業利益			189	189	189	189	189	-	<-- =SUM(J35:J36)	
38		減価償却（プラス）			10	10	10	10	10	-	<-- =-J32	
39		FCF（Without）-②		-	199	199	199	199	199	-	<-- =SUM(J37:J38)	
40		NPV		754	<-- =NPV(D5,E39:J39)[15]							
41		With-Without										
42		年度		0	1	2	3	4	5	6		
43		FCF（①-②）		(2,000)	(606)	569	904	1,124	844	950	<-- =J24-J39	
44		DF（割引係数）		1.00	0.91	0.83	0.75	0.68	0.62	0.56	<-- =1/(1+$D$5)^J42	
45		現在価値		(2,000)	(551)	470	679	768	524	536	<-- =J43*J44	
46		NPV		427	<-- =SUM(D45:J45)							
47		NPV Check		427	<-- =D25-D40							
48		IRR		14.6%	<-- =IRR(D43:J43)							

　ところで、この問題を解いた受講生の1人が「おかしい」と言ってきたことがありました。その方の主張は、こうでした。「新規事業を行うWithシナリオと既存事業を継続するWithoutシナリオでは事業リスクが違うのに、同じ割引率を使っているのはおかしい」。お恥ずかしい話ですが、彼の主張を聞いて私は初めてWith-Withoutの原則に隠れた前提があることに気づかされたのです。WithとWithoutのフリーキャッシュフローの差額をとり、10%のハードルレートで割り引いてNPVを427百万円と算出しました。これは投資した場合（With）と投資しない場合（Without）のフリーキャッシュフローを同じ割引率を適用していることに他なりません。その証拠にNPV427百万円は、投資した場合（With）のNPV@10%[16]の1,181百万円（セルD25）

[15] Withoutの場合、初期投資がないので、NPV関数の外からプラスする必要はありません。
[16] NPVを割引率10%で計算するという意味です。

と投資しない場合（Without）のNPV@10％の754百万円（セルD40）の
差額でもあるのです。

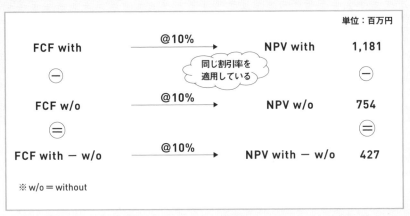

これはその方が指摘した通り、おかしなことです。なぜなら、投資
した場合（With）と投資しない場合（Without）の事業リスクが同じであ
るという前提をおいていることに他ならないからです。投資しない場
合は、倉庫で貸し続けるわけです。生み出されるフリーキャッシュフ
ローのばらつきは投資した場合と比較するまでもないでしょう。**事業
リスクに見合った割引率を適用する**のが原則だったはずです。本来な
らば、投資をした場合としない場合のそれぞれのシナリオの事業リス
クに見合った割引率でNPVを算出し、どちらが大きいかで判断すべ
きということになります。ところが実務ではWith-Withoutのフリー
キャッシュフローの差額しか算出できないケース、あるいは、その方
が大幅に手間が削減できるケースはいくらでもあります。したがっ
て、私たちはWith-Withoutの原則には、**それぞれのシナリオが同じ
事業リスクだという前提がある**ことを頭の片隅においとけばいいと思
います。

企業価値評価方法を
理解する
―企業価値向上のメカニズム

■■■ 企業価値評価のアプローチ

　企業価値評価の方法は、一般的にインカムアプローチ、マーケットアプローチ、コストアプローチの3つに分類されます。各アプローチには複数の算定方法があります。実務でよく使われるのは、インカムアプローチのDCF法（Discounted Cash Flow法）、そしてマーケットアプローチの市場株価法と類似会社比較法です。図5-1にある通り、各アプローチともに長所と短所があり、評価の目的やデータの入手可能性によって評価方法を使い分けます。また、実務では複数の評価方法を併用します。本書では、よく使われる3つの評価方法をご紹介したいと思います。

■ （図5-1）企業価値評価のアプローチと主な評価方法

アプローチ	価値の根拠	主な評価方法	長所	短所
インカムアプローチ	将来のキャッシュフロー	● DCF法（Discounted Cash Flow法） ● 配当還元法 ● 残余利益法（EVA法）	● 将来の収益力、成長力を反映できる ● 企業固有の特徴を反映できる	● 事業計画、割引率等の前提によって評価が大きく変動する ● 継続価値が企業価値の大半を占める
マーケットアプローチ	市場株価	● 市場株価法 ● 類似会社比較法 ● 類似取引比較法	● 市場参加者（投資家等）の総意であり、客観性があり、納得感を得やすい ● 恣意性が入りにくい	● 株式市場のゆがみ等により、純粋な企業価値が現れない可能性がある
コストアプローチ	現在の資産（純資産）	● 時価純資産法 ● 簿価純資産法 ● 清算価値法	● 現在の客観的な資産価値を算出できる ● 恣意性が入りにくい	● 過去に蓄積した資産の評価であり、将来の収益力（のれん）は考慮されない

出所：『事業再編のための企業価値評価の実務』（四宮章夫監修、民事法研究会）を参考にオントラック作成

232

■■■ DCF法とは

　最初にご説明するのはインカムアプローチのDCF法（Discounted Cash Flow法）です。

　インカムアプローチは企業の将来の収益力や成長力、企業固有の特徴を反映できるという長所があります。これに対して事業計画や割引率など前提条件によって価値が変動することや継続価値（後述します）が企業価値の大半を占めるといった短所があります。

　インカムアプローチの中でも定番のDCF法は、企業が生み出す将来のフリーキャッシュフローを割引率で現在価値に割り引いて評価する方法です。言ってみれば、すでにお話したNPV法の価値算定と同じです。企業価値を論じるにあたって、「企業価値は誰にとっての価値なのか」という話を思い出してください[1]。**ファイナンスにおける企業価値とは、「債権者にとっての価値」と「株主にとっての価値」**でした。そして価値に対して市場が付けているのは株式時価総額という価格です。ここでも価値と価格を比べる必要があります。株価は、短期的には企業とは直接関係のないような出来事で上下します。ただ、短期的な株価の動きに一喜一憂する必要はありません。

　株価は、長期的には、その企業の本源的な価値に収れんすることは、さまざまな実証データから証明されています[2]。つまり株価は短期的には乱高下しますが、5年、10年、20年の長期でいえば、企業本来の価値にどんどん近づいていくというわけです。

---

[1] 83ページでご説明しています。
[2] 詳しくは『企業価値評価』（マッキンゼー・カンパニー、ダイヤモンド社）をお読みください。

▄▄ 企業価値は何で構成されているのか?

　ここからは、新しいお話になります。先ほどは、「企業価値は誰のもの
か?」という視点でお話してきました。今度は、「企業価値は何でできて
いるか?」という視点にうつりたいと思います。図5-2でいえば、左側の
部分になります。

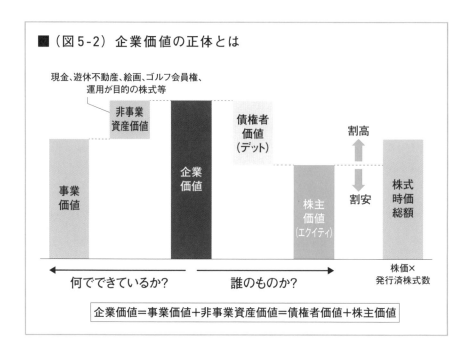

■（図5-2）企業価値の正体とは

企業価値＝事業価値＋非事業資産価値＝債権者価値＋株主価値

　**企業価値は、「事業価値」と「非事業資産価値 (非事業価値ともいいます)」
に分かれます。**「非事業資産価値」とはその名の通り、事業とは直接関係
のない資産の価値のことです。例えば、現金、事業に使っていない遊休
地、絵画、ゴルフ会員権、運用が目的の株式などです。いわゆる政策保有
株式 (持ち合い株式)[3] は、事業資産として扱うのが一般的です。

　図5-3は事業価値の全体像を表したものですから、とても重要です。「事業価値」は、まさに企業が行っている事業の価値です。これは、**その事業が将来生み出すフリーキャッシュフローを現在価値に割り引くことで求めることができます。そのときの割引率はWACC（ワック）です。**では、なぜWACCで割り引くのでしょうか。WACCは、債権者と株主の要求収益率です。要求収益率＝割引率の関係はここでも成り立っています。WACCで割り引くということは、経営者に対して、「少なくともWACC以上の収益率で運用してくれよ」という債権者と株主の願いが込められているとも言えるのです。

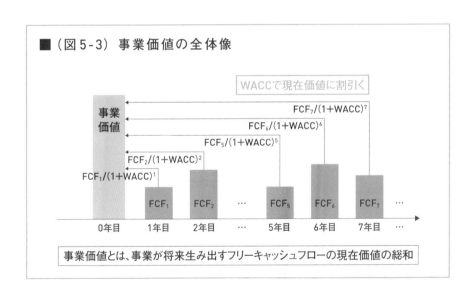

■（図5-3）事業価値の全体像

WACCで現在価値に割引く

事業価値

$FCF_7/(1+WACC)^7$
$FCF_6/(1+WACC)^6$
$FCF_5/(1+WACC)^5$
$FCF_2/(1+WACC)^2$
$FCF_1/(1+WACC)^1$

FCF₁　FCF₂　…　FCF₅　FCF₆　FCF₇

0年目　1年目　2年目　…　5年目　6年目　7年目　…

事業価値とは、事業が将来生み出すフリーキャッシュフローの現在価値の総和

3　持ち合い株式は、With-Withoutで企業のフリーキャッシュフローが変わるのか定かではありません。事業資産と本当に言えるのか正直疑問です。日産自動車の再建の過程では、原則として持ち合い株式は全て売却し、デット（有利子負債）の返済を最優先しました。

企業買収時のWACCはどっち?

　では、皆さんに質問です。皆さんの会社がA社の買収を検討しています。A社の企業価値評価に適用するWACC（ワック）は、皆さんの会社のWACCでしょうか。それとも、A社のWACCでしょうか。実は、この質問は、MBAホルダーでも間違えることがあります。難しいかもしれませんね。では、質問をちょっと変えてみましょう。ある電力会社が新規事業としてバイオベンチャーの買収を検討しています。バイオベンチャーの企業価値評価に適用するWACCは果たして電力会社のWACCでしょうか。それとも、バイオベンチャーのWACCでしょうか。

　ここで思い出していただきたいのは、伊藤忠商事が事業別にハードルレート（割引率）を設定していたことです。つまり、**事業リスクに応じた割引率を適用すべきです**。ここまでご説明すれば、答えはおわかりになるでしょう。答えは、「バイオベンチャーの事業リスクが反映されたバイオベンチャーのWACCで割り引く」です。まとめますと、**事業価値を算定する際の割引率は買収対象企業のWACCを使う**[4]ということです。

　こうして求めた事業価値に非事業資産の価値を加えたものが、企業価値となります。企業価値からデットをマイナスすると株主価値になります（図5-2）。

企業価値・株主価値の算定プロセス

　実際に企業価値を算定するプロセスを見ていきましょう。

①予測期間の事業計画を策定し、FCFを算定する

---

[4] もし、電力会社の低いWACCを間違えて使ってしまうと、バイオベンチャーの企業価値は本来の価値よりも高くなってしまいます。

②評価対象企業のWACC（ワック）を算定する

③一定成長期間のFCFの価値（継続価値）を算定する

④予測期間のFCFと継続価値をWACCで割り引いて事業価値を算定する（①〜④は図5-4ご参照）

⑤事業価値に非事業資産価値を加え、企業価値を算出し、デットをマイナスして株主価値（エクイティ）を算定する（図5-2ご参照）

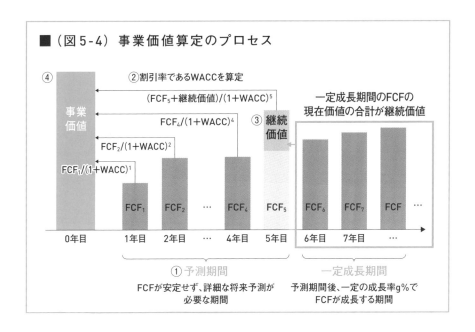

■（図5-4）事業価値算定のプロセス

④ ②割引率であるWACCを算定

$(FCF_5+継続価値)/(1+WACC)^5$

一定成長期間のFCFの現在価値の合計が継続価値

事業価値

$FCF_4/(1+WACC)^4$

③ 継続価値

$FCF_2/(1+WACC)^2$

$FCF_1/(1+WACC)^1$

FCF_1 FCF_2 … FCF_4 FCF_5 FCF_6 FCF_7 FCF …

0年目 1年目 2年目 … 4年目 5年目 6年目 7年目 …

① 予測期間　　　　　　一定成長期間

FCFが安定せず、詳細な将来予測が必要な期間　　予測期間後、一定の成長率g％でFCFが成長する期間

　私たちが企業価値を算出する場合、まずは企業が生み出すであろう将来のフリーキャッシュフローを予測します。といっても、永遠に予測することはできません。フリーキャッシュフローが安定せず、詳細な予測が必要な期間を「予測期間」として事業計画を策定することになります。ここでは事業計画の策定期間を5年としていますが、この策定期間は業種や企業

によって異なります[5]。

　当たり前ですが、事業計画の策定期間が終わっても、企業は存続します。策定期間を過ぎたフリーキャッシュフローは一定の成長率になるという前提をおきます。この例では、事業計画の策定期間が5年ですから、6年目以降のフリーキャッシュフローは一定成長で伸びていくと考えるわけです。この期間を「一定成長期間」と呼び、この期間のフリーキャッシュフローの現在価値の合計を**継続価値（Terminal Value: ターミナルバリュー）**といいます。

　一定成長期間のフリーキャッシュフローの現在価値はどのように求めればいいのでしょうか。成長型永久債の現在価値（PV）の公式を使います。

■（図5-5）一定成長期間のフリーキャッシュフローの
　　　　　現在価値の求め方

$$PV = \frac{FCF_1}{r - g}$$

FCF_1：初年度のキャッシュフロー
r：割引率
g：永久成長率

　例えば、初年度100万円のフリーキャッシュフロー（FCF）が永久に毎年3%で成長するフリーキャッシュフローの現在価値の合計は割引率を5%とすれば、次のように求めることができます。

---

[5] 中期経営計画の策定期間3年という場合もあります。一般的な製造業では、5年前後です。実務では会社側が作成した事業計画をベースにします。ただ多くの場合、事業計画はその会社にとって目標としての位置づけであることから、M&A案件の場合、買い手側のアドバイザーは修正シナリオを作成し、株主価値を算定します。

$$PV = \frac{FCF}{r-g} = \frac{100万円}{5\% - 3\%} = 5{,}000万円$$

　この公式のことを、ビジネススクールのファイナンスの先生は、**ファイナンスで最も重要なフォーミュラ（公式）**と言い、「卒業後も忘れないでほしい」と私たちに力説していました。

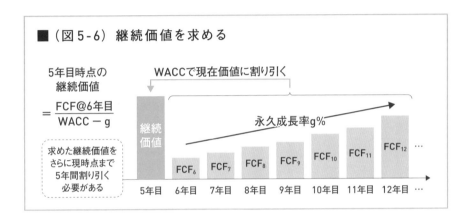

■（図5-6）継続価値を求める

5年目時点の
継続価値
$= \dfrac{FCF@6年目}{WACC - g}$

WACCで現在価値に割り引く

求めた継続価値を
さらに現時点まで
5年間割り引く
必要がある

永久成長率g%

継続価値　FCF₆　FCF₇　FCF₈　FCF₉　FCF₁₀　FCF₁₁　FCF₁₂ …

5年目　6年目　7年目　8年目　9年目　10年目　11年目　12年目 …

　具体的に継続価値を算定する場合、間違えやすいのが、分子にもってくるフリーキャッシュフローです。事業計画の策定期間終了時の翌年（今回の例で言えば6年目）になることに注意してください（図5-6）。したがって、次の計算式になります。ここは私もファイナンスを学んだ時によくわからなかった点です。

$$継続価値[6] = \frac{FCF_6}{WACC - g} = \frac{FCF_5 \times (1+g)}{WACC - g}$$

[6] 継続価値の求め方として、後で説明するマルチプル（倍率）法を使う場合があります。予測期間最終年度（5年目）のEBITDAを使って次のように計算します。継続価値＝5年目のEBITDA×マルチプル（倍率）

6年目のフリーキャッシュフローは、事業計画最終年度（5年目）のフリーキャッシュフローをg%成長させたものになります。こうして求めた継続価値は5年目のものです。したがってさらに5年分割り引く必要があります。繰り返しになりますが、ここは、私も理解するのに時間がかかったところです。あきらめずに、理解するまでくり返し読んでください。

■■■ マーケットアプローチの評価方法

マーケットアプローチの評価方法は市場株価が価値の根拠になっています。株価は市場参加者の総意であり、関係者の納得感を得やすいという長所があります。一方で、株式市場のゆがみ等によって、純粋な企業価値があらわれない可能性があるといった短所があります。ここでは代表的な市場株価法と類似会社比較法を順を追ってご説明しましょう。

市場株価法

市場株価法は、評価対象会社の過去の一定期間の株価に基づいて株主価値を評価する方法です。市場における株価は、多くの投資家の需要と供給によって形成されていることから、公正かつ客観的な価格であると考えられます。市場株価法で利用される株価は、1カ月から3カ月の終値の平均値をとります。上場企業の評価にはよく使われる方法です。

類似会社比較法

この類似会社比較法はDCF法と並んでM&Aの現場で、なくてはならない代表的な評価方法です。**評価対象会社と類似する上場企業の事業価値や時価総額などの財務数値を使って評価する方法です。**倍率を使って表現されることから、マルチプル（倍率）法とも呼ばれます。先述した市場株価法は上場会社のみに適用可能でしたが、この方法は未上場会社にも適用

できます。DCF法の場合、詳細な事業計画を策定し、キャッシュフロー
を予測する必要があります。これはこれで大変な手間がかかります。類似
会社比較法は、事業計画なしに市場がつける株価をベースにその対象企業
の価値を評価できます。

　よく使われる財務指標はEBITDA（Earnings Before Interest, Taxes, Depreciation
and Amortization：イービッダーやイービットディーエーと発音）です。EBITDA
は、EBIT（イービット）に、有形固定資産の減価償却費（Depreciation）や無
形固定資産の償却費（Amortization）を加算したものです。概念として営業
キャッシュフローに近く、事業価値に大きな影響を与える指標であるこ
と、また、償却に関する会計処理が異なる場合[7]もその影響を排除できる
ことから、事業会社のM&Aにおいて頻繁に用いられます。

　それでは、簡単な例を使ってEBITDA倍率による株主価値算定のプロ
セスを見てみましょう（図5-7）。

Step1：類似上場企業を選出して、各社（ここではA社、B社、C社）のEBITDA
　　　　倍率を算出し、その平均値を求めます。株式市場がこの事業を営
　　　　む企業に対して、EBITDAの何倍の事業価値をつけるかがわかり
　　　　ます。

Step2：対象会社の来期のEBITDAにStep1で求めたEBITDA倍率を掛ける
　　　　ことで、対象会社の事業価値を求めます。

Step3：求めた対象会社の事業価値に非事業価値を加え、デットをマイナ
　　　　スすれば、めでたく対象会社の株主価値が算定できます。

　言葉は慣れないかもしれませんが、考え方は意外にシンプルで驚いたの
ではないでしょうか。EBITDA倍率以外のマルチプル（倍率）としては、
EBIT倍率や売上高倍率があります。また、株主価値を直接求めるPER倍
率やPBR倍率も算定に必要な財務データが少ないので手軽に算定できま

[7] 日本基準では「のれん」は20年以内に償却しますが、IFRSや米国基準では償却しないこと
　　になっています。

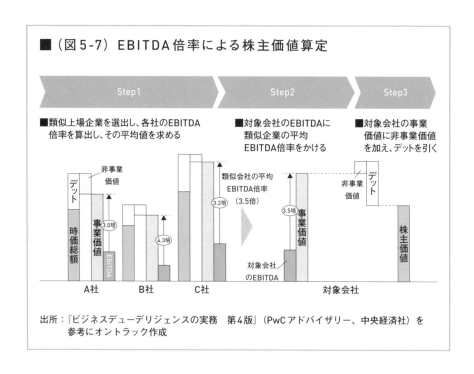

■（図5-7）EBITDA倍率による株主価値算定

Step1	Step2	Step3
■類似上場企業を選出し、各社のEBITDA倍率を算出し、その平均値を求める	■対象会社のEBITDAに類似企業の平均EBITDA倍率をかける	■対象会社の事業価値に非事業価値を加え、デットを引く

類似会社の平均EBITDA倍率（3.5倍）

3.0倍　　4.3倍　　3.2倍　　3.5倍

デット　非事業価値　時価総額　事業価値　EBITDA

A社　B社　C社

対象会社のEBITDA

事業価値

対象会社

デット　非事業価値　株主価値

出所：『ビジネスデューデリジェンスの実務　第4版』（PwCアドバイザリー、中央経済社）を参考にオントラック作成

す。こうした評価方法で算定された評価結果が単独で採用されることはありません。DCF法によって算定された結果と併用します。

■ EV（Enterprise Value）は企業価値ではない

　先ほど説明したEBITDA倍率をEV/EBITDA倍率と呼ぶことがあります。世の中には、EV（Enterprise Value）を企業価値とする場合がありますが、厳密に言えば、企業価値ではありません。

　EV（Enterprise Value）は一般的に次のように定義されます。

EV＝株式時価総額（株価×発行済株式数）＋ネットデット（純有利子負債）

　ネットデット（純有利子負債）とは図5-8の通り、デットから非事業資産価値をマイナスしたものをさします。書籍によっては（拙著『道具としてのファイナンス』でも）、ざっくりとネットデット＝有利子負債−現預金と定義されています。これは非事業資産が現預金のみと仮定した場合のことです[8]。

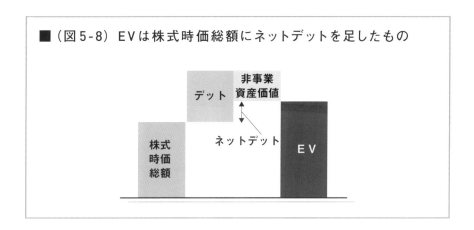

■（図5-8）EVは株式時価総額にネットデットを足したもの

　それでは、EVは企業価値ではないとしたら、一体何なのでしょうか。仮に株式時価総額と株主価値が同じであれば、図5-9の通り、EVは事業価値になります。つまり、EVとは、株式時価総額から計算された、その企業の事業価値なのです。

---

[8] 234ページでご説明した通り、非事業資産は現預金の他に事業に使っていない遊休地、絵画、ゴルフ会員権、運用目的の株式などがあります。

■（図5-9）EVは企業価値ではなく、事業価値である

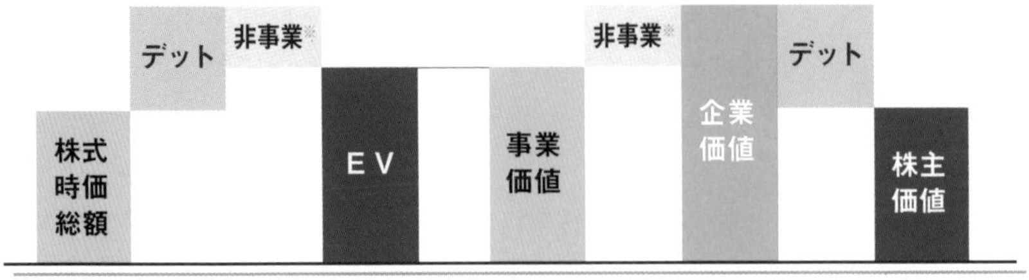

※非事業＝非事業資産価値

■■■ 企業価値評価の演習問題

　　ここではDCF法を用いて、企業価値評価を行いたいと思います。まずは、以下の前提に基づいて、A社の損益計算書および運転資本（ワーキングキャピタル）の推移予測を完成してみましょう[9]。

① 　A社の今後5年間の売上高成長率は4％、売上高原価率は56％、売上高販管費率は26％とする

② 　減価償却率は10％とする

③ 　法人税は30％とする

④ 　運転資本に関する前提は、過去の実績から、売上債権回転日数は90日、棚卸資産回転日数は90日、支払債務回転日数は60日とする

---

[9] 本書に出てくるEXCELのファイルは、オントラックのサイト（https://ontrack.co.jp）でダウンロード可能です。

		単位	0	1	2	3	4	5

表の内容:

1
2　企業価値評価（DCF法）　演習問題
3
4　前提条件
5　　売上高成長率　%　4%
6　　売上高原価率　%　56%
7　　売上高販管費率　%　26%
8　　減価償却率　%　10%
9　　法人税率　%　30%
10
11　　売上債権回転日数　日　90
12　　棚卸資産回転日数　日　90
13　　支払債務回転日数　日　60
14
15　　割引率（WACC）　%　12%
16　　6年目以降のFCF永久成長率　%　0.5%
17
18　　非事業資産価値　百万円　1,000
19　　借入金　百万円　12,000
20　　発行済株式数　百万株　25
21
22　事業計画

年度	年	0	1	2	3	4	5
		実績	計画	計画	計画	計画	計画
売上高	百万円	20,000					
売上原価	百万円	(11,200)					
売上総利益	百万円	8,800					
減価償却費	百万円	(200)					
その他販管費	百万円	(5,200)					
営業利益	百万円	3,400					
受取利息	百万円	5	5	5	5	5	5
受取配当金	百万円	40	40	40	40	40	40
支払利息	百万円	(240)	(240)	(240)	(240)	(240)	(240)
税引前利益	百万円	3,205					
法人税	百万円	(961)					
税引後利益	百万円	2,244					

損益計算書の作成

• 売上高＝前年度売上高*(1+売上高成長率)

　2年度以降は入力した数式を右にコピーします（以下、右にコピーは省略）。前提条件のパラメータを絶対参照する（$記号をつける）のを忘れないようにして下さい。

- 売上原価＝売上高×売上高原価率

コストなので、キャッシュアウトです。したがって、マイナスをつける
ようにします（セルG26）。

- 売上総利益＝売上高－売上原価
- 減価償却費：このあと設備計画で計算する減価償却費をリンクします

■（図5-10）損益計算書の作成

	A	B	C	D	E	F	G	H	I	J	K
22		事業計画									
23				年度	年	0	1	2	3	4	5
24						実績	計画	計画	計画	計画	計画
25			売上高		百万円	20,000	20,800	<-- =F25*(1+$F$5)			
26				売上原価	百万円	(11,200)	(11,648)	<-- =-G25*$F$6			
27			売上総利益		百万円	8,800	9,152	<-- =SUM(G25:G26)			
28				減価償却費	百万円	(200)	(200)	<-- =G51			
29				その他販管費	百万円	(5,200)	(5,408)	<-- =-G25*$F$7			
30			営業利益		百万円	3,400	3,544	<-- =SUM(G27:G29)			
31				受取利息	百万円	5	5	5	5	5	5
32				受取配当金	百万円	40	40	40	40	40	40
33				支払利息	百万円	(240)	(240)	(240)	(240)	(240)	(240)
34			税引前利益		百万円	3,205	3,349	<-- =SUM(G30:G33)			
35				法人税	百万円	(961)	(1,005)	<-- =-G34*$F$9			
36			税引後利益		百万円	2,244	2,344	<-- =SUM(G34:G35)			
37											

- その他販管費＝売上高＊売上高販管費率
- 営業利益＝売上総利益－減価償却費－その他販管費
- 受取利息、受取配当金、支払利息：入力済み
- 税引前利益＝営業利益＋受取利息＋受取配当金－支払利息
- 法人税＝税引前利益＊法人税率
- 税引後利益＝税引前利益－法人税

以上で、損益計算書が出来上がりました。

運転資本の推移予測

次に運転資本の推移を予測します。回転日数の求め方を思い出してください。

$$売上債権回転日数（日）＝\frac{売上債権（売掛金・受取手形）}{売上高÷365日}$$

したがって、両辺に（売上高÷365日）を掛けると、次の式になります。

- 売上債権＝売上債権回転日数×（売上高÷365日）

同じように棚卸資産と支払債務も計算することができます。

- 棚卸資産＝棚卸資産回転日数×（売上原価÷365日）
- 支払債務＝支払債務回転日数×（売上原価÷365日）
- 運転資本＝売上債権＋棚卸資産（在庫）－支払債務

■（図5-11）運転資本の推移予測

	A	B	C	D	E	F	G	H	I	J	K
38				運転資本の推移予測							
39				年度	年	0	1	2	3	4	5
40				売上債権（＋）	百万円	5,000	5,129	<-- =G25/365*$F$11			
41				在庫（＋）	百万円	2,800	2,872	<-- =-G26/365*$F$12			
42				支払債務（－）	百万円	(1,867)	(1,915)	<-- =G26/365*$F$13			
43				運転資本	百万円	5,933	6,086	<-- =SUM(G40:G42)			
44											
45				運転資本の増加額	百万円		153	<-- =G43-F43			
46											

- 運転資本の増加額＝今期の運転資本額－前期の運転資本額

以上で、運転資本の推移予測ができました。

設備計画の作成

- 期首残高＝前期末残高
- 設備投資額：入力済み
- 減価償却費＝期首残高×減価償却率

ここで求めた減価償却費を損益計算書の減価償却費（28行）にリンクします。

■（図5-12）設備計画の作成

	A B C	D	E	F	G	H	I	J	K
47	設備計画								
48	年度	年	0	1	2	3	4	5
49	期首残高	百万円	1,940	2,000	<-- =F52			
50	設備投資額	百万円	260	300	315	340	375	400
51	減価償却費	百万円	(200)	(200)	<-- =-G49*$F$8			
52	期末残高	百万円	2,000	2,100	<-- =SUM(G49:G51)			
53								

- 期末残高＝期首残高＋設備投資額－減価償却費

以上で設備計画が作成できました。

次に以下の前提条件を考慮し、DCF法によりA社の理論株価を算定します。

① WACCは12%とする

② 営業外収益に計上されている受取利息は非事業資産である現預金から生み出されるものとする。また、受取配当金は全額、政策保有の有価証券から生み出されるものとし、EBITに含めること。

③ 6年度以降のFCFは0.5%で成長するとする。ただし、6年度以降は減価償却と同額の設備投資を行い、運転資本は一定とする

④　0年度の非事業資産は1,000百万円である

⑤　0年度の有利子負債は12,000百万円、今後の有利子負債金額は、一定とする

⑥　発行済株式数は25百万株とする

⑦　企業価値および理論株価の評価は、0年度末時点で行うものとする

■（図5-13）理論株価算定の前提条件

	A	B	C	D	E	F
1						
2				企業価値評価（DCF法）　演習問題		
3						
4				前提条件		
14						
15				割引率（WACC）	%	12%
16				6年目以降のFCF永久成長率	%	0.5%
17						
18				非事業資産価値	百万円	1,000
19				借入金	百万円	12,000
20				発行済株式数	百万株	25
21						

フリーキャッシュフローの算定

フリーキャッシュフロー（FCF）は以下の式で求められます。

■（図5-14）フリーキャッシュフローの算定（1／2）

	A	B	C	D	E	F	G	H	I
54				フリーキャッシュフロー（FCF）					
55				年度	年		0	1	2	3
56				営業利益	百万円			3,544	<-- =G30
57				受取配当金	百万円			40	<-- =G32
58				EBIT	百万円			3,584	<-- =SUM(G56:G57)
59				みなし法人税	百万円			(1,075)	<-- =-G58*$F$9
60				NOPAT	百万円			2,509	<-- =SUM(G58:G59)
61				減価償却費	百万円			200	<-- =-G28
62				設備投資額	百万円			(300)	<-- =-G50
63				運転資本の増加額	百万円			(153)	<-- =-G45
64				フリーキャッシュフロー	百万円			2,256	<-- =SUM(G60:G63)
65									

$$FCF = EBIT \times (1 - 税率) + 減価償却費 - 設備投資 - 運転資本の増加額$$
$$= NOPAT + 減価償却費 - 設備投資 - 運転資本の増加額$$

• EBIT ＝営業利益＋受取配当金

前提条件②によれば、**受取配当金は事業資産（政策保有の有価証券）から生み出されるものなので、営業利益に加算します。このように受取配当金をフリーキャッシュフローとして評価する場合、当該有価証券を非事業資産としてカウントするとダブルカウントになるので注意が必要です。**

• みなし法人税＝EBIT＊法人税率

• NOPAT ＝EBIT －みなし法人税

• FCF ＝NOPAT ＋減価償却費－設備投資額－運転資本の増加額

Excelでは設備投資額と運転資本増加額をマイナス入力していますので、60行目から63行目を合計します（64行）。

これで各年に発生するフリーキャッシュフローが求められました。

■（図5-15）フリーキャッシュフローの算定（2／2）

	年度	年	0	1	2	3	4	5	
54	フリーキャッシュフロー（FCF）								
55	年度	年	0	1	2	3	4	5	
56	営業利益	百万円		3,544	3,684	3,829	3,979	4,133	<-- =K30
57	受取配当金	百万円		40	40	40	40	40	<-- =K32
58	EBIT	百万円		3,584	3,724	3,869	4,019	4,173	<-- =SUM(K56:K57)
59	みなし法人税	百万円		(1,075)	(1,117)	(1,161)	(1,206)	(1,252)	<-- =-K58*$F$9
60	NOPAT	百万円		2,509	2,607	2,708	2,813	2,921	<-- =SUM(K58:K59)
61	減価償却費	百万円		200	210	221	232	247	<-- =-K28
62	設備投資額	百万円		(300)	(315)	(340)	(375)	(400)	<-- =-K50
63	運転資本の増加額	百万円		(153)	(243)	(253)	(263)	(274)	<-- =-K45
64	フリーキャッシュフロー	百万円		2,256	2,258	2,336	2,407	2,494	<-- =SUM(K60:K63)
65									

継続価値の算定

　次に、継続価値を求めましょう。継続価値とは5年度における6年度以降のFCFの現在価値の合計です。

　ここで注意しなくてはいけないのは、「6年度以降のFCFは0.5%で成長するとする。ただし、6年度以降は減価償却と同額の設備投資を行い、運転資本は一定とする。」という前提条件③です。

　これはこういうことです。最終年度（この例では5年度）のフリーキャッシュフローは、その年度の減価償却費、運転資本の増減、設備投資の影響が含まれています。長期的に成長していくフリーキャッシュフローのベースになるものと考えるのは無理があります。最終年度の設備投資額が仮に減価償却費を上回っていたとしても、永久に設備投資額が減価償却費を上回り続けるというのはおかしいはずです。また、このことは運転資本についても同様です。永久に運転資本が増加するというのも不可能です。したがって、**予測期間以降は、設備投資については、維持投資のみを行うと考え、減価償却＝設備投資とします。また、運転資本は一定（運転資本の増加**

はゼロ）**であると考えます。**このように、継続価値の算定には最終年度の
これらの影響を調整する必要があります。これを**フリーキャッシュフロー
の標準化**といいます。

　言いかえれば、標準化とは、以下のFCFを求める式の下線部分がゼロ
であることを意味します。

$$\text{FCF} = \text{NOPAT} + \underset{\parallel}{\underline{\text{減価償却費} - \text{設備投資} - \text{運転資本の増加額}}}$$
$$0$$

したがって、6年度のFCFを求める際の5年度のFCFは5年度のNOPAT
と同じと考えます。

- 6年度のFCF ＝ 5年度のNOPAT*（1+FCF永久成長率）
- 5年度の継続価値 ＝ 6年度のFCF/（WACC － FCF永久成長率）

こうして計算された継続価値を5年度のFCFに加算して同じように5年

■（図5-16）理論株価の算定

	A	B	C	D	E	F	G	H	I	J	K	L	M	N
65														
66			理論株価										継続価値算出用	
67				年度	年		0	1	2	3	4	5	6	
68				フリーキャッシュフロー	百万円		2,256	2,258	2,336	2,407	2,494	2,936	<--=K60*(1+F16)	
69				継続価値	百万円						25,529		<--=L68/(F15-F16)	
70				FCF合計	百万円		2,256	2,258	2,336	2,407	28,024		<--=SUM(K68:K69)	
71				割引係数	百万円		0.89	0.80	0.71	0.64	0.57		<--=1/(1+$F$15) ^K23	
72				PVofFCF合計	百万円		2,014	1,800	1,662	1,530	15,901		<--=K70*K71	
73														
74				事業価値	百万円	22,908							<--=SUM(G72:K72)	
75				非事業資産価値	百万円	1,000							<--=F18	
76				企業価値	百万円	23,908							<--=SUM(F74:F75)	
77														
78				債権者価値	百万円	(12,000)							<--=-F19	
79				株主価値	百万円	11,908							<--=SUM(F76:F78)	
80														
81				発行済株式数	百万株	25							<--=F20	
82				理論株価	円	476							<--=F79/F81	
83														

分割り引くことになります。各年度のフリーキャッシュフローの現在価値の合計が事業価値になります。

理論株価の算定

- 企業価値＝事業価値＋非事業資産価値
- 株主価値＝企業価値－債権者価値（借入金）
- 理論株価＝株主価値 / 発行済株式数

こうしたプロセスを経て、理論株価476円と算定されました。図5-17はWACCとフリーキャッシュフローの永久成長率を変化させた場合に理論株価にどのような変化があるかをまとめたものです。DCF法による企業価値評価を行う場合、このような感度分析を行います。

■（図5-17）感度分析

					WACC				
			476	9.0%	10.0%	11.0%	12.0%	13.0%
			0.00%	768	640	536	449	376
			0.25%	794	661	552	463	387
FCF永久成長率			0.50%	822	682	569	476	398
			0.75%	851	705	587	491	410
			1.00%	883	729	606	506	422

■■■ 事業価値を高める方法①（資本コストを下げる）

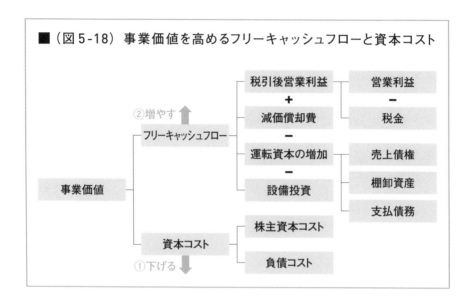

■（図5-18）事業価値を高めるフリーキャッシュフローと資本コスト

事業価値を高めるためには、どうすればいいのでしょうか。図5-18を
ご覧ください。**事業価値を高めるためには、フリーキャッシュフローを増
やす、資本コストを下げるという2つのアクションが考えられます。**資本
コストを下げる具体策は2つありました。1つはIRに頑張っていただき、
投資家と「知り合いから親友」になっていただくことです。投資家のリス
ク認識を下げれば、要求収益率が下がります。結果的に資本コストが下が
ることにつながります。もう1つはデット（有利子負債）を適度に活用して
いただくことです。言いかえれば、最適資本構成を追求していただくこと
です。

■■■ 事業価値を高める方法② (フリーキャッシュフローを増やす)

　次にフリーキャッシュフローをいかに増やしていくかです。これは、フリーキャッシュフローの定義を見れば、おのずと見えてきます。

■■■ 営業利益を増やす

　当たり前のことですが、営業利益を増やすためには、売上高を増やし、コストを削減する必要があります。

　まずは、売上高を増やすことを考えてみましょう。売上高を増やすには、これまた当たり前ですが、販売数量を上げるか、価格を上げるかという2つのアクションがあります。短期的に売上高を増やすには、販売数量を増やすことより、価格を上げることを考えていく方が効果的と言えます。しかし、往々にして営業部門は、価格を引き下げて販売数量増加を狙います。ところが、これが命とりになります。売上高は増えたところで、利益は大幅に減少するからです。

　ここで、具体的な数値を使って、価格が売上総利益に与えるインパクトを見てみましょう (図5-19)。

■（図5-19）販売価格のシミュレーション

シナリオ		現状	ケースA	ケースB	ケースC
販売価格	①	1,000	1,030	850	850
価格増加率			3%	△15%	△15%
仕入コスト	②	750	750	750	750
マージン	①－②	250	280	100	100
販売数量	③	100	90	120	250
売上高	①×③＝④	100,000	92,700	102,000	212,500
売上原価	②×③＝⑤	75,000	67,500	90,000	187,500
売上総利益	④－⑤	25,000	25,200	12,000	25,000

　現在の商品の販売価格が1,000円、商品1個当たりの仕入コストが750円だとします。マージンは250円です。販売数量が100個だとすると、売上高は、100,000円（＝1,000円×100個）、売上原価は75,000円（＝750円×100個）、売上総利益は25,000円となります（現状）。

　仮に販売価格を3％上げて1,030円にできるとしましょう（ケースA）。この場合、販売数量が10％ダウンして90個になったとしても、売上総利益は25,200円と現在よりも増益となります。

　それでは、営業部門がこんなことを言ってきたとします。「15％値引きを認めてくれれば、販売数量120個（現状比20％増）にしてみせます」。実際にシミュレーションしてみると、確かに売上高は102,000円と現状よりも増加しています（ケースB）。ところが、売上総利益は12,000円です。なんと半減していることがわかります。

　それでは、現状の売上総利益25,000円を維持するには、一体どれくらいの販売数量が必要なのでしょうか。なんと、250個と現状の2.5倍もの

販売数量を上げることが出来て初めて現状の売上総利益25,000円を確保できることがわかります（ケースC）。このように**売上高は2倍以上も上げているのに売上総利益は同じという現実をみると、いかに価格引き下げの利益に与える影響が大きいかが、おわかりになるはずです。**

　今までお話ししてきたようにある変数を変化させて、結果（ここでは売上総利益）がどのように変化するかをみることを感度分析といいます。感度分析を行うことによって将来シミュレーションが可能になります。

　それでは、販売数量への影響を最小限にして販売価格を上げることなどできるのでしょうか。例えば、複数の商品を抱き合わせることで価格を維持したり、販売数量を増やす方法や、反対にパッケージで販売されていたものをバラバラにし、それぞれに価格をつけることで、全体として価格を上げ、売上を増やす方法もあります。

　しかし、**最も重要なのは、顧客ごとに価格政策を策定することです。**これには「パレートの法則」を活用します。「パレートの法則」は「80：20の法則」とも言われ、例えば、顧客を収益別に分類すると、顧客の20％が利益の80％を占める傾向にあるということです。自社にとって大切な20％の顧客に対しては、さらに関係性を深めるための活動を行い、その他の顧客に対しては、値引きを止める、訪問回数を減らすなどサービスレベルを下げるといった、メリハリをつけた営業活動を行うわけです。そのために大切なのが、**売上高、売上総利益、信用格付に見合ったプライシング（値付け）ができているか、現状を把握することです。**

■■■ コスト削減の2つの方法

　企業が外部から調達している原材料や部品、そしてサービスの対価として支払っているコストは、ばかになりません。この調達コストの削減は、短期的にキャッシュを生み出すのに有効です。私がかつて勤務していた日

産自動車でも、リバイバルプランの最大の目玉のうちの1つは、「グローバル購買、生産、販売費及び一般管理費の3つの分野で1兆円のコスト削減を目指す」というものでした。

コスト削減の方法には、サプライヤーマネジメント（仕入先に対してどのような施策をとるか）とユーザーマネジメント（自社内でどのような施策をとるか）の2つがあります。 サプライヤーマネジメントは、サプライヤー（仕入先）を集約したり、あるいは増やしたり、取引条件変更を交渉するなどしていくことです。一方、ユーザーマネジメントも忘れてはいけません。社内で使用している物品の過剰スペックを洗い出し、代替品に変更するなど質の見直しを図ることや、発注量、発注頻度を見直したり、発注窓口を一元化することでコスト削減を図ることが考えられます。

■■■ 調達戦略をどうするか

生産に関連する部材の調達は高品質部品と汎用的な資材とで分けて考える必要があります。高品質部品は、その製品の質そのものが企業の製品の品質を左右することから、「安かろう悪かろう」ではダメだからです。

日産自動車では、QCDDM、つまり、品質（Quality）、コスト競争力（Cost）、開発力（Development）、納期厳守（Delivery）、財務力（Management）の観点からサプライヤーを格付けし、基準に合致したサプライヤーを戦略サプライヤーとして位置づけました。これにより、サプライヤーの数を半減、集中購買を進め、コスト削減につなげました。汎用的な資材に関しては、国内だけでなく、海外まで調達先を広げて競争入札を実施することも検討すべきでしょう。

■■■ 間接材コストの削減にも注目する

　コスト削減というときに、どの品目に優先順位を置くかというと、間接材コストと言われます。間接材コストは、製造関連コスト（売上原価）以外の販売費及び一般管理費のことを言います。ちなみに、間接材コストに対して、製造関連コストを、直接材コストと言います。

　直接材のコスト削減に関しては、購買部門が継続的に目標を達成すべくシビアなコスト削減を実施しています。一方、**間接材を扱うのは管理部門です。管理部門は、一過性のコスト削減や相見積もりの実施だけで、コスト削減を主業務とは位置づけていないのが実情でしょう。**このような実情を踏まえたうえで、間接材コスト削減の具体的な施策を考えていく必要があります。

　私の友人で、コスト削減の専門コンサルティング会社（株式会社プロレド・パートナーズ）を経営する佐谷進氏はこう言います。

　「原材料費のコスト削減を担当する購買部門と販管費のコスト削減を担当する管理部門にどれだけのコスト削減に対する意識の違いがあるか簡単に確認する方法があります。それは、購買部門の担当者に自社の原材料費の単価や競合他社が購入している原材料費の単価を聞き、管理部門の担当者に自社の宅配便の単価、清掃費の単価を聞いてみてください。購買部門の担当者は、何も見ないですぐ答えられる人がほとんどです。しかし、管理部門の担当者はほとんど答えられる人はいません」

　ただ、**同じ販管費でも、研究開発費や広告宣伝・販促費（マーケティングコスト）の取り扱いは慎重にならなくてはいけません。**なぜならば、これらの「攻めのコスト」を減らせば、目の前の営業利益は増えるかもしれませんが、将来の営業利益を犠牲にしてしまう可能性があるからです。これ

らは、コストとはいっても、未来投資という位置づけにあるのです。研究開発費や広告宣伝・販促費などのマーケティングコストは、金額もさることながら、売上高に対する比率を同業他社と比較してみて、自社の研究開発費や広告宣伝・販促費が適正な水準なのかを見るという視点も重要です。

■■ 運転資本の管理

今までお話ししてきたのは、いかに売上高を増やし、コストを削減し営業利益を増やしていくかということです。言ってみれば、PL（損益計算書）の世界ですから、私に言われなくてもやっているよと言われそうですね。これからは、BS（バランスシート）のお話になります。

フリーキャッシュフローを増やすために、運転資本の管理もきちんと行っていく必要があります。つまり、売上債権や在庫を圧縮する一方で、支払債務を多くして、運転資本を減らすということです。

日産自動車でも、この運転資本の管理を徹底して行いました。例えば、売上債権の圧縮を図るために、車の販売代金を早期に回収することを心掛けました。そのために、営業担当者への教育・研修の実施、販売会社別に販売代金回収までの日数（売上債権回転日数）のモニタリングを実施するなど、地道な活動を行っていったわけです。

取引先との力関係もありますが、取引先と交渉して、回収条件を早めたり、請求書の締め日を月1回から2回にしたり、信用リスクが高いと考えられる取引先との取引条件を見直したりするという方法もあるかと思います。また、期日に入金がなく延滞している売掛金については、きっちりと回収をしていく必要があります。

日産自動車では、在庫の圧縮については、原材料の調達から、お客さまへの商品提供までの一連の流れを最適化するという手法であるサプライチ

ェーンマネジメントを導入しました。特に、海上在庫、つまり船の上にある在庫を削減していく取り組みを行いました。日本で製造して、米国で販売していた場合、生産拠点を米国や米国近隣国に移すことで、日本から米国まで船で運んでいた時間を短縮しました。このようにして、受注から販売までのリードタイムを短縮することによって在庫を削減していったわけです。また設計そのものを見直し、車の部品点数を削減したり、部品の共通化を図りました。

■■■ 仕入先への支払いを遅くするのは良策か?

　フリーキャッシュフローを増やすために、仕入先への支払いを遅くするという方法もあります。結果的に支払債務が増えることになります。確かに資金繰りは楽にはなりますが、ここは、早期支払いによる値引きのメリットと比較する必要があります。このあたりのメカニズムをご説明しましょう。

　仕入先への支払サイト（期間）を長くすることは、キャッシュフロー的（資金繰り）にはプラスの効果があります。しかし、**仕入先の立場からすれば、販売代金の回収期間が長くなることは、売上債権増加を意味します。**これは、仕入先の運転資本が増加することにつながります。運転資本は、通常、短期借入金で調達していますから、仕入先の借入利息の負担が増えることにつながります。そのため、**納入する部品や原材料の価格にこの利息を転嫁してくる可能性がある**わけです。

　このように、フリーキャッシュフローを増やすために仕入先への支払条件を長くすることは、結果的に売上原価の増加となって、跳ね返ってくる可能性があることを考えておかねばなりません。つまり、買掛金や支払手形などの支払債務は、取引先からお金を借りていることと同じであるという意識を持つことが大切です。

これまで述べてきた通り、企業価値向上にとって重要な運転資本の管理ですが、企業の中で後回しにされることが多いのが実情です。その理由についてご説明したいと思います。

■■■ 運転資本の面倒をみるのは誰か

■ （図5-20）運転資本管理の具体的アクション

関連部門	仕入	生産	販売
	購買	製造	営業
具体的アクション（売上・利益改善）	原材料仕入価格のダウン	稼働率アップ コストダウン	営業利益アップ
具体的アクション（運転資本管理）	支払期間・在庫水準の適正化	在庫水準の適正化	売上代金回収期間の短縮化

図5-20は製造業の事業活動を簡単に表現したものです。購買部門が原材料を仕入れ、製造部門が製品を生産し、営業部門がその製品を販売する。製造業はこのビジネスプロセスを繰り返し行っています。

それでは、各部門が経営者から求められていることはなんでしょうか。営業部門は、営業利益アップが第一であって売上債権回収期間の短縮化など二の次でしょう。また、製造部門は、稼働率アップやコストダウンが最優先でしょう。そして、購買部門は、原材料仕入価格のダウンが求められ、そのためには大量購買によるボリュームディスカウントを狙い、在庫水準のことなどお構いなしかもしれません。

このように、**どの部門も運転資本の管理など無関心になりがちなのです**。それは、世の中には、PL頭の経営者がいまだに多いことと無関係ではありません。「売上を上げろ。コストを削減して利益をあげろ」としか

言わない経営者は、運転資本の重要性がわかりません。なぜなら、運転資本とは、BS（バランスシート）項目だからです。

　ただ、それだけが理由ではありません。**在庫の削減と簡単に言いましたが、1つの部門だけでできるものではありません**。例えば、製造部門が在庫を減らそうと考えても、営業部門は販売機会を失うのを嫌い、多めに在庫を持とうとするでしょう。また、購買部門は先述した通り、コスト削減のために在庫のことは気にせず大量購買に走るかもしれません。

　在庫削減のためには、会社として何に優先順位を置くかという大方針と、それに基づいた販売計画、生産計画、購買計画の連携が必要になるのです。**ところが実情は、営業担当役員、製造担当役員、購買担当役員がそれぞれの部門の利害を代表した縦割りの世界で、部分最適な議論に終始しがちです**。機能横断的に横串で見ることができるのは、まさにCFO（財務最高責任者）レベルの人だということになります。機能ごとの縦割りではなく、クロスファンクショナル（機能横断的）な活動が不可欠だということです。

■■■ CCCの短縮で運転資本を削減する

　運転資本管理（ワーキングキャピタル・マネジメント）の経営指標として最近さまざまな企業で活用されているのが**CCC（キャッシュ・コンバージョン・サイクル）**です。

　CCCの定義は、次の通りです。

> CCC＝棚卸資産回転日数＋売上債権回転日数－支払債務回転日数[10]

---

[10] 仕入債務回転日数ともいいます。

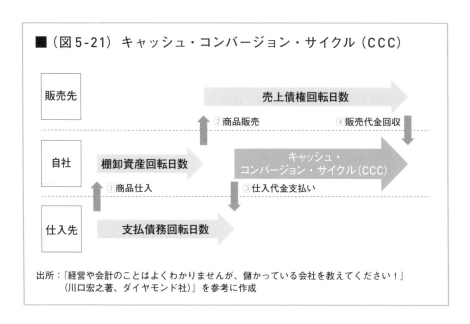

■（図5-21）キャッシュ・コンバージョン・サイクル（CCC）

出所：『経営や会計のことはよくわかりませんが、儲かっている会社を教えてください！』
（川口宏之著、ダイヤモンド社）』を参考に作成

　各回転日数の計算式は図5-22の通りです。①売上債権回転日数と②棚卸資産回転日数はすでに会社当てクイズの時に出てきているのですが、覚えていらっしゃいますか。売上債権というのは売掛金や受取手形です。決算日の時点で、回収できていない債権のことです。これを1日当たりの売上高で割り算すると、**代金を回収するまでの平均日数**が計算できます。

　②棚卸資産回転日数は、棚卸資産（在庫）を1日あたりの売上原価で割り算したものです。

　商品を仕入れる小売業とモノを作る製造業とでは意味合いが異なります。**小売業の場合は仕入れの何日分の在庫を保有しているか。製造業の場合は、原材料を仕入れてから、販売までのリードタイムを表します。**

　③支払債務回転日数を説明しましょう。支払債務は仕入債務ともいいますが、決算日の時点で仕入先に支払っていない買掛金や支払手形です。これを1日当たりの売上原価で割り算することで、**商品や原材料を仕入れてから代金を支払うまでの平均日数**を計算することができます。

■（図5-22）回転日数の求め方

①売上債権回転日数

$$売上債権回転日数（日）＝\frac{売上債権（売掛金＋受取手形）}{売上高÷365日}$$

②棚卸資産回転日数

$$棚卸資産回転日数（日）＝\frac{棚卸資産}{売上原価÷365日}$$

③支払債務回転日数

$$支払債務回転日数（日）＝\frac{支払債務（支払手形＋買掛金）}{売上原価÷365日}$$

※売上債権、棚卸資産、支払債務は期首と期末の平均残高とする場合もあります

　運転資本管理の観点からは、売上債権回転日数や棚卸資産回転日数は短ければ短いほどいいということになります。ただ、営業サイドからすれば、商品や製品の欠品による機会損失を嫌います。したがって、**棚卸資産回転日数は短すぎない適正な水準にする必要があります**。一方で、支払債務回転日数は長いほど、企業にとっては資金繰りには有利なのですが、仕入価格に金利分を上乗せされる可能性があります。支払債務回転日数を短くし（仕入先への支払いを早くすること）、仕入価格の引き下げにつなげるということも考えられますので、支払債務回転日数は取引先ごとに取引条件を考えていく必要があるでしょう。

　いずれにしても、**CCCの短縮は運転資本の削減を意味し、ひいてはフリーキャッシュフローの増加につながる**ことは覚えておいてください。CCCは一般的には、プラスの日数になっています。例えば、パナソニックのCCCは35日となっています。仕入先に代金を支払ってから、販売代

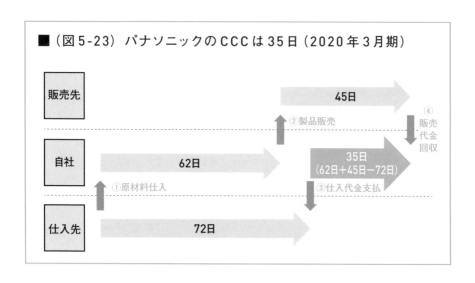

■（図5-23）パナソニックのCCCは35日（2020年3月期）

■（図5-24）ピジョンの企業価値の向上に向けて：
　　　　　　　PVAツリー20/12期（64期）全社連結（3／3）

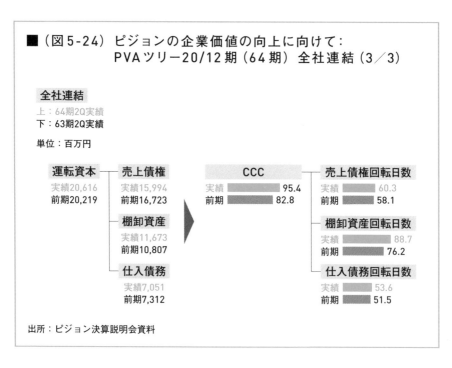

金を回収するまで35日かかっていることを意味します。

　また、ピジョンは決算説明会で毎回実績値を報告しています（図5-24）。

　2020年12月期第2四半期におけるCCCは前期82.8日から95.4日まで長くなっています。これは棚卸資産回転日数の増加が主な原因であることがわかります。こうしたピジョンの具体的な取り組みをわかった上で山下会長のコメントをお読みいただくとCCCへの理解が深まると思います。

■■ アップルのCCCを改善させたティム・クック

　ちなみにアップルのCCCはマイナス74日になっています。図5-25を見ていただければわかる通り、これは仕入代金の支払いよりも販売代金回収の方が74日も早いことを意味します。つまり、運転資本は必要ありません。驚くべきことに、わずか9日分の在庫しか抱えていません。さらにサプライヤーへの支払までの日数が115日と非常に長いことも特徴です。これはアップルとサプライヤーの力関係からアップルが有利な支払条件を締結できるのでしょう。

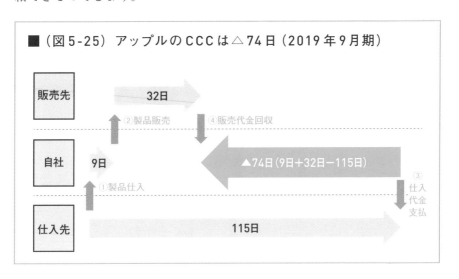

■（図5-25）アップルのCCCは△74日（2019年9月期）

テイム・クック（アップルCEO）

実はアップルのCCCがマイナスなのは、昔からではありません。1996年度のCCCは70日を超えていたのです。このCCC改善の陣頭指揮をとったのが現在のCEOのティム・クック氏です。まずは外部に製造を委託する方式にすることにより、自社で原材料や仕掛品を抱える必要はなくなりました。そして、市場の需要予測と製品供給量をコントロールすることで無駄な在庫を圧縮したのです。オペレーションの専門家でもあるクックが、アップルで仕事を始めてから7カ月で彼の功績により棚卸資産回転日数は30日から6日に大幅に短縮し、売れ残ったMacの在庫ストックは4億ドル（約450億円）相当から、わずか7,800万ドル（約87億円）相当まで減少したのです[11]。

■■■ AmazonがCCCをマイナス28日にできる理由

AmazonのCCCもマイナス28日です。Amazonで驚くのは、棚卸資産回転日数が42日しかないことです。Amazonと言えば、即日配送が当たり前。今や書籍だけでなく、ありとあらゆる商品を取り扱っています。物流センターにはところ狭しと在庫が置かれているというイメージですね。棚卸資産回転日数が42日で済んでいるのは、Amazonの高度な需要予測と物流管理のなせる技なのかもしれません。そして、支払債務回転日数は94日と長いことがわかります。

その背景にあるのが、マーケットプレイスの存在だと言われています。

---

[11] 『ティム・クック』（リーアンダー・ケイニー著、SBクリエイティブ）

皆さんはマーケットプレイスをご存知ですか。Amazonのプラットフォームを使って、外部の事業者が商品を販売しているのです。Amazonのマーケットプレイスと楽天のビジネスモデルの違いはその決済方法にあります。私たちが楽天で買い物をすると、私たちの支払ったお金は事業者に直接振り込まれます。私たちと楽天とは支払いに関しては一切関係がありません。事業者は楽天に売上の数パーセントの手数料を支払うわけです。私たちがAmazonのマーケットプレイスで買い物をすると、私たちの支払ったお金はいったんAmazonに入金されます。おそらく、Amazonは圧倒的な力関係の強さを背景に、事業者への支払期間を長くとるのではないでしょうか。そして、数パーセントの手数料を差し引いたあと事業者に入金する。その結果、支払債務回転日数が長くなると考えられます。

　アップルとAmazonのようにCCCがマイナスだということは運転資本は必要ありません。むしろ、売上高が増加すればするほど、キャッシュがたまっていくことになるわけです。ちなみにアップルの資産の60％が現金＋有価証券です。圧倒的にキャッシュリッチな会社です。Amazonの場

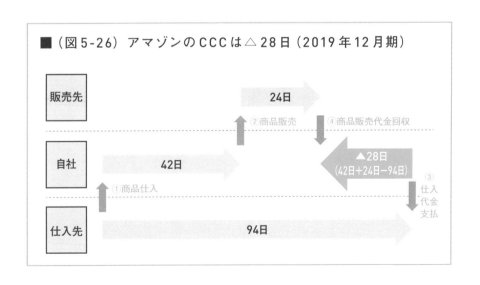

■（図5-26）アマゾンのCCCは△28日（2019年12月期）

合は、キャッシュをすぐに設備投資や研究開発などの未来投資に振り分けていますので、資産の25％が現金＋有価証券となっています。

■■■ アセットリストラクチャリング（資産整理）

　事業価値を高めるためには何が必要かをお話ししてきました。BS（バランスシート）で忘れてはならないことがもうひとつあります。それは、非事業資産の整理です。これを、アセットリストラクチャリング（資産整理）といいます。投資家が嫌がる資産が3つあります。①現預金、②有価証券、③不動産です。この3つに共通することは何かお分かりでしょうか。それは投資家が自分で投資できる資産だということです。わざわざ、事業のプロである事業会社に投資して欲しくないわけです。自分にはできない事業経営のプロとして、経営者に事業でリターンを上げて欲しいのです。有価証券や不動産投資のプロでない事業会社に運用を任せておく必要はありません。

　したがって、事業のフリーキャッシュフローの増加に十分に寄与していない非事業資産を徹底的に洗い出し、キャッシュに換え、成長投資するなり、株主還元を図ることが大切です。私の古巣の日産自動車のリバイバルプランでは、かつて次のような施策が発表されました。

「日産は現在1,394社の株式を保有しているが、費用対効果の観点から売却を進め、現金化を図っていく。さらに、土地、株式およびノン・コア資産の処分を3年間で行い、また在庫削減計画に基づき現在の売上に対する在庫比率を30％削減する」。

　日産自動車の場合、工場など事業資産の統廃合も進めていきました。資産の売却においては、簿価よりも時価が低い場合、売却損が出るでしょう。しかし、これは会計上のことであって、実際にキャッシュが流出するわけではありません。資産売却によるキャッシュが有利子負債の削減につ

ながるとしたら、債権者、株主をはじめとする利害関係者は納得するはずです。やはり、利益ではなく、あくまでもキャッシュフローで資産売却の是非を議論すべきです。

　日産自動車のリバイバルプランでは、ノンコア資産や政策保有株式（持ち合い株式）の売却によって、2年間で総額5,300億円以上のキャッシュを生み出しています。売却によって得たキャッシュで自動車事業の有利子負債を大きく圧縮し、資金をコア事業である自動車事業発展のための活動に振り向けました。

■■■ ファミマTOBの舞台裏

　最後にM&Aのリアルな現場をご紹介しましょう。伊藤忠商事は2020年8月25日、ファミリーマート（以下、ファミマ）に対して実施していたTOB（株式公開買い付け）が成立したと発表しました。応募分をすべて買い付けると、保有比率は65.7%になります。ファミ

伊藤忠商事がTOBを成立させたファミリーマート

マは10月下旬に臨時株主総会を開き、株式併合などの手続きを経た上で非上場となる見込みです。

　伊藤忠はホッと胸をなでおろしていることでしょう。7月8日に伊藤忠が発表したTOB価格は1株2,300円で、前日終値（1,766円）に対するプレミアムは30.24%。これを受けて株価は上昇し、7月中旬には2,400円を突破し、その後も伊藤忠が提示した買付価格を上回って推移しました。

この株価推移を受けて動いたのは、投資ファンドです。日本経済新聞によれば、RMBキャピタルが「少数株主への配慮が不十分である」として、買付価格を2,600円に引き上げるよう要求しました。そして、香港のヘッジファンドのオアシス・マネジメントも買付価格が低すぎるとして、ファミマに対し、1株当たり最大1,062円の特別配当実施を求めました。

　いずれの要求も伊藤忠は、はねのけました。当事者のファミマは、買付価格2,300円を一定の合理性があるとしながらも、一般株主に対し積極的に推奨できる水準の価格ではないと発表していました。ファミマが、あくまでも株主に判断をゆだねるという中立の立場をとったのには訳があります。実は買付価格はファミマの特別委員会[12]の評価額を下回っていたからです。

　今回、買付価格の中立性を担保するためにファミマ、特別委員会、それに伊藤忠はそれぞれ第三者に評価を依頼しています。

　ファミマはメリルリンチ日本証券、特別委員会はPwC、そして伊藤忠は野村証券です。これらの財務アドバイザーはこのTOBの成否に関わらず報酬を受け取ることができます。利害関係がない、中立的な立場と言えます。図5-27は各アドバイザーの評価結果をまとめたものです。

●市場株価法

　市場株価法では、2020年7月7日を算定基準日としてファミマの基準日終値1,766円、直近1カ月間の終値単純平均値1,908円、直近3カ月間の終値単純平均値1,878円および直近6カ月の終値単純平均値2,068円をもとに1766円～2068円と算定しています。当然ですが、いずれのアドバイザー

---

[12]「特別委員会は、①対象会社の企業価値の向上に資するか否かの観点から、M&Aの是非について検討・判断するとともに、②一般株主の利益を図る観点から、(i)取引条件の妥当性および(ii)手続の公正性について検討・判断する役割を担う」とされています（出所：公正なM&Aの在り方に関する指針（経済産業書））。

も同じ価格レンジになっています。

・類似会社比較法

　類似会社比較法のキモは、類似上場企業の選定と倍率（マルチプル）の基準とする財務指標値（当期純利益、EBIT、EBITDAなど）の選定です。

　ファミマのアドバイザーのメリルリンチ日本証券は、類似上場企業とし

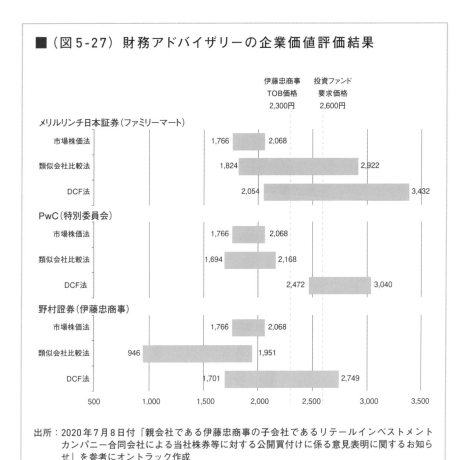

■（図5-27）財務アドバイザリーの企業価値評価結果

出所：2020年7月8日付「親会社である伊藤忠商事の子会社であるリテールインベストメント
　　　カンパニー合同会社による当社株券等に対する公開買付けに係る意見表明に関するお知ら
　　　せ」を参考にオントラック作成

て株式会社セブン＆アイ・ホールディングス、株式会社ローソン、株式会社ニトリホールディングス、株式会社パン・パシフィック・インターナショナルホールディングス、ウエルシアホールディングスおよび株式会社ツルハホールディングスを選定しています。倍率（マルチプル）は、PER（時価総額／当期純利益）倍率を使って1,824円～2,922円と算定しています。

　特別委員会のアドバイザーのPwCは類似上場企業として株式会社セブン＆アイ・ホールディングス、株式会社ローソンを選定し、同じくPER倍率を使って1,694円～2,168円と算定しています。

　残念ながら、野村證券の選定した類似上場企業および倍率の前提条件についての説明はありませんでした。類似会社比較法の算定結果は、946円～1,951円となっています。

　● DCF法（Discounted Cash flow法）
　DCF法のキモは将来のフリーキャッシュフローの予測と割引率をどう算定するか。さらに企業価値の大半を占める継続価値の前提条件です。ちなみに、今回のDCF法のベースとなる事業計画（含むフリーキャッシュフロー）はファミマが策定したものです。

　メリルリンチ日本証券は、主要事業（含む台湾ファミリーマート事業）の割引率は3.25～4.00％を採用、継続価値の算定は永久成長率法[13]を採用し、永久成長率は主要事業につき－0.25～0.25％、台湾ファミリーマート事業については1.5～2.00％を採用しています。その算定結果は、2,054円～3,432円です。

　PwCは、割引率として3.31～3.91％を採用、継続価値の算定は永久成長率法を採用し、永久成長率は0％を採用しています。その算定結果は

---

[13] 「継続価値＝予測期間の翌年のFCF／（割引率－永久成長率）」と同じものです。永久成長法を呼ばれることもあります。

2,472円〜3,040円です。まさにこの結果が、ファミマをもってして、買付価格2,300円が「一般株主に対し積極的に推奨できる水準の価格ではない」と言わせしめたのです。

　野村證券は、類似会社比較法と同様にDCF法についても前提条件の記載はありません。DCF法では、1,701円〜2,749円と算定しています。

　以上、各アドバイザーの評価の前提条件と算定結果を見てきました。一致しているのは過去の株価に基づいて算定する市場株価法のみです。株価は市場参加者の総意であり、納得感が得られやすいといえます。一方、必ずしも株価は企業の本源的価値が反映されているとは限らないという側面があります。

　そして、類似会社比較法、DCF法の株価算定結果は各アドバイザーによって大きく異なることがわかります。伊藤忠商事のアドバイザーの野村證券の評価結果が総じて低いのがわかります。DCF法のベースとなる事業計画（含むフリーキャッシュフロー）はファミマが策定したものを採用していることから、各アドバイザーとも同じものです。一方で、DCF法に使う割引率や継続価値の前提は各アドバイザーによって異なり、それが評価の違いに出ていることがよくわかります。

　これらの結果をみて、企業価値評価を前提条件によってなんとでもなる、単なる数字のお遊びだと結論づけるのは早計です。これらの企業価値評価方法は決して正解を求める道具ではなく、コミュニケーションのための道具だからです。

　今回の場合でいえば、売り手（ファミマの株主）と買い手（株主代表としての伊藤忠の経営陣）双方の思惑が交錯する中で、第三者がファミマの株主価値を同じ道具を使って算定したこと、その上でファミマの株主は買い手の提示した評価額を受け入れ、売買が成立したということが大切なのです。

おわりに

　ここまでお読みいただき、ありがとうございました。企業価値評価のところは難しく感じ、モヤモヤした方もいらっしゃったのではないでしょうか。冒頭で、ファイナンスは「未来」を扱い、会計は「過去」を扱うという話をしました。決算書の数字はあくまでも過去の業績という「結果」です。「結果」をいくら眺めても未来は見えてきません。

　世の中はすべて原因と結果の法則で成り立っているといえます。そして、原因と結果の順番が入れ替わることは決してありません。私が企業分析するときに大切にしていることは「結果」を生んだ「原因」をさぐるということです。そして、その「原因」となるものが未来にどう変化するのかを想像し、その未来の「原因」から、未来の「結果」がどうなるかを予想するというプロセスを踏みます。

　今回の講義では、「インプットとアウトプット」「リスクとリターン」、そして最後に「原因と結果」といった言葉が出てきました。私たちはややもすると、目に見える、わかりやすい部分（アウトプット、リターン、結果）に目がいってしまいます。しかし、目に見えない部分にこそ、私たちは目を向けるべきなのだと思います。

　ドイツの哲学者マルティン・ハイデガーは次のように考えました[1]。
- 現在、どういう行動を取るかで、どういう未来が築かれるかは決まる。

---

1 『ワイズカンパニー』（野中郁次郎、東洋経済新報社）

- だから、未来の可能性を最大限に高められるよう、「いま、ここ」を生きるべきである。

ファイナンスは「未来」を扱い、その未来（結果）をつくるのは他でもない私たちの行動（原因）です。この講義でファイナンスの面白さに気づいてくださったとしたら、私としては大変嬉しいことです。

この場を借りて、この本を書くにあたってお世話になった方々に御礼を申し上げたいと思います。友人の白土新さんと林武男さんには、何度も原稿を読んでもらい、有益なアドバイスをもらいました。とても感謝しています。オムロンで活躍中の友人、榎並顕さんには貴重な話を聞かせてもらいました。また、弊社の北川雄一さんには、毎度のことながら、校正やリサーチ、図やモデルの作成とさまざま点でサポートしてくれました。ありがとうございました。そして、息子の達也にも、大学生代表として多くのフィードバックをもらいました。父親としても嬉しい経験でした。ありがとう。

また、デザイナーの山之口正和さん、沢田幸平さんには、とても素敵なデザインの本に仕上げていただきました。日経BP日本経済新聞出版本部の永野裕章さんには、編集の過程で私のさまざまなわがままを全面的に汲み取っていただきました。大変感謝しております。

最後になりましたが、みなさんのご活躍を心より祈っています。いつかどこかでお会いできるのを楽しみにしています。

参考文献

　今回、以下の書籍を参考にさせていただきました。ありがとうございました。素晴らしい本をお書きいただいたことを感謝いたします。

『稲盛和夫の実学—経営と会計』稲盛和夫、日本経済新聞出版

『会計の世界史—イタリア、イギリス、アメリカ——500年の物語』田中靖浩著、日本経済新聞出版

『会社売却とバイアウト実務のすべて』宮﨑淳平著、日本実業出版社

『外資系アナリストが本当に使っている ファンダメンタル分析の手法と実例』松下敏之・高田裕著、プチ・レトル

『機会損失—「見えない」リスクと可能性』清水勝彦著、東洋経済新報社

『企業価値向上のための資本コスト経営』日本証券アナリスト協会編、日本経済新聞出版

『企業価値評価 入門編』鈴木一功著、ダイヤモンド社

『企業価値評価の実務 新版』桝谷克悦著、清文社

『企業価値評価の実務Q＆A 第4版』プルータス・コンサルティング編、中央経済社

『企業価値評価 6版（上）（下）』ティム・コラー／マーク・フーカート／デイビッド・ウェッセルズ著、マッキンゼー・コーポレート・ファイナンス・グループ訳、ダイヤモンド社

『基本から本格的に学ぶ人のためのファイナンス入門—理論のエッセンスを正確に理解する』手嶋宣之著、ダイヤモンド社

『グループ経営入門 第4版—グローバルな成長のための本社の仕事』松田千恵子著、税務経理協会

『経営や会計のことはよくわかりませんが、儲かっている会社を教えてください！』川口宏之著、ダイヤモンド社

『ケースでわかる 管理会計の実務』松永博樹・内山正悟著、日本能率協会マネジメントセンター

『現代の財務経営2─価値向上のための投資意思決定』榊原茂樹・砂川伸幸編著、中央経済社

『現場で使える 会計知識』川井隆史著、明日香出版社

『現場で使える 決算書思考』川井隆史著、明日香出版社

『「公益」資本主義─英米型資本主義の終焉』原丈人著、文藝春秋

『コーポレート・ファイナンス 基礎と応用』新井富雄・高橋文郎・芹田敏夫著、中央経済社

『コーポレートファイナンス 戦略と実践』田中慎一・保田隆明著、ダイヤモンド社

『コーポレート・ファイナンス CFOを志す人のために』岩村充著、中央経済社

『これならわかる コーポレートガバナンスの教科書』松田千恵子著、日経BP

『最強の教養 不確実性超入門』田渕直也著、ディスカヴァー・トゥエンティワン

『増補改訂 財務3表一体理解法』國貞克則著、朝日新聞出版

『事業再編のための企業価値評価の実務─財務&法務デューディリジェンスの実践的手法─』四宮章夫監修、グラックス・アンド・アソシエイツ／淀屋橋・山上合同編、民事法研究会

『知ってそうで知らなかった ほんとうの株のしくみ』山口揚平著、PHP研究所

『実務から学ぶコーポレート・ファイナンス』鈴木基史・羽岡秀晃編著、中央経済社

『社長失格─ぼくの会社がつぶれた理由』板倉雄一郎著、日経BP

『社長の条件』中西宏明・冨山和彦著、文藝春秋

『図解&ストーリー「資本コスト」入門 改訂版』岡俊子著、中央経済社

『図解でわかる 企業価値評価のすべて』KPMG FAS著、日本実業出版社

『世界標準の経営理論』入江章栄著、ダイヤモンド社

『「専門家」以外の人のための 決算書&ファイナンスの教科書』西山茂著、東洋経済新報社

『戦略的投資決定と管理会計』デリル・ノースコット著、上總康行監訳、中央経済社

『ティム・クック─アップルをさらなる高みへと押し上げた天才』リーアンダー・ケイニー著、堤沙織訳、SBクリエイティブ

『デューデリジェンスのプロが教える―企業分析力養成講座 会社の本質を見抜く9つの
　ポイント』山口揚平著、日本実業出版社

『投資効率を高める資本予算』杉山善浩著、中央経済社

『日本的管理会計の深層』吉田栄介編著、福島一矩・妹尾剛好・徐智銘著、中央経済社

『ニュータイプの時代―新時代を生き抜く24の思考・行動様式』山口周著、ダイヤモン
　ド社

『はじめての企業価値評価』砂川伸幸・笠原真人著、日本経済新聞出版

『パンダをいくらで買いますか?―ストーリーで学ぶファイナンスの基礎知識』野口真
　人著、日経BP

『ビジネスエリートになるための 教養としての投資』奥野一成著、ダイヤモンド社

『ファイナンス思考―日本企業を蝕む病と、再生の戦略論』朝倉祐介著、ダイヤモンド社

『武器としての会計思考力―会社の数字をどのように戦略に活用するか?』矢部謙介
　著、日本実業出版社

『武器としての会計ファイナンス―「カネの流れ」をどう最適化して戦略を成功させる
　か?』矢部謙介著、日本実業出版社

『プロジェクトファイナンスの理論と実務』エドワード・イェスコム著、佐々木仁訳、
　金融財政事情研究会

『粉飾決算VS会計基準』細野祐二著、日経BP

『1日3時間だけ働いておだやかに暮らすための思考法』山口揚平著、プレジデント社

『amazon 世界最先端の戦略がわかる』成毛眞著、ダイヤモンド社

『CFOポリシー―財務・非財務戦略による価値創造』柳良平著、中央経済社

『ESG経営を強くする―コーポレートガバナンスの実践』松田千恵子著、日経BP

『MBAのためのM&A』田村俊夫著、有斐閣

『M&Aにおける投資価値評価と投資意思決定』田中佑児著、中央経済社

『M&Aを成功に導く―ビジネスデューデリジェンスの実務 第4版』PwCアドバイザリ
　ー編、中央経済社

『ROE経営と見えない価値―高付加価値経営をめざして』柳良平編著、兵庫真一郎・本

多克行著、中央経済社

『ROIC経営―稼ぐ力の創造と戦略的対話』KPMG FAS・あずさ編、日本経済新聞出版

『ROEを超える企業価値創造』柳良平・広木隆・井出真吾著、日本経済新聞出版

"Financial Modeling, fourth edition," Simon Benninga, The MIT Press.

索引

さ 行

た 行

な 行

石野雄一 （いしの・ゆういち）
株式会社オントラック　代表取締役社長

株式会社CAC Holdings 社外監査役
1991年上智大学理工学部卒業後、旧三菱銀行に入行し、9年間勤務した後に退職。
2002年米国インディアナ大学ケリースクール・オブ・ビジネス（MBA課程）修了。帰国後、日産自動車株式会社に入社。財務部にてキャッシュマネジメント、リスクマネジメント業務を担当。2007年より旧ブーズ・アレン・ハミルトンにて企業戦略立案、実行支援等に携わる。2009年に同社を退職後、コンサルティング会社である株式会社オントラックを設立し、企業の投資判断基準、撤退ルールの策定支援、財務モデリングの構築、トレーニングを実施している。
著書に『道具としてのファイナンス』（日本実業出版社）、『ざっくり分かるファイナンス』（光文社新書）等がある。
コンサルティング、研修等のご依頼は下記の連絡先まで。
yishino@ontrack.co.jp

実況！　ビジネス力養成講義
ファイナンス

2021年2月15日　1版1刷

著者	石野雄一　©Yuichi Ishino, 2021
発行者	白石 賢
発行	日経BP
	日本経済新聞出版本部
発売	日経BPマーケティング
	〒105-8308 東京都港区虎ノ門4-3-12
ブックデザイン	山之口正和＋沢田幸平（OKIKATA）
本文DTP	マーリンクレイン
印刷・製本	シナノ印刷

Printed in Japan
ISBN978-4-532-32379-0